京都情報大学院大学　総長・理事長
長谷川 亘

京都情報大学院大学京都本校百万遍キャンパス　本部棟（2022年夏竣工）

京都情報大学院大学京都本校百万遍キャンパス　本部棟

京都情報大学院大学京都本校百万遍キャンパス　大講義室

京都コンピュータ学院京都駅前校　エントランスホール

京都コンピュータ学院京都駅前校（1991年竣工）

IT 応用分野の最高学位「情報技術修士（専門職）」

情報系・経営系など多彩な講義が展開されている

京都コンピュータ学院創立50周年・京都情報大学院大学創立10周年記念式典
（2013年　国立京都国際会館）

Inheriting KCG's historical achievements
we are determined never to stop challe

京都コンピュータ学院創立40周年記念式典で
京都情報大学院大学の開学を宣言（2003年）

株式会社堀場製作所創業者堀場雅夫氏（故人）が
設立発起人に名を連ねている

京都コンピュータ学院創立60周年・京都情報大学院大学創立20周年記念式典（2023年）

修了生は高度IT人材としてグローバルに活躍する

学位授与式で修了生にはなむけの言葉を贈る

韓国・国立済州大学校より名誉博士号授与（2024年）

チェコ・オストラバ工科大学との
学術交流協定（2006年）

中国・天津科技大学との
学術交流協定（2006年）

第二代学長
長谷川 利治

初代学長
萩原 宏

第四代学長（現）
富田 眞治

第三代学長
茨木 俊秀

大学時代

高校時代

高校時代

小学３年生頃

中学時代

BIOGRAPHY

写真で振り返る
長谷川 亘 総長・理事長の
ヒストリー

2歳頃

父親（初代学院長）と

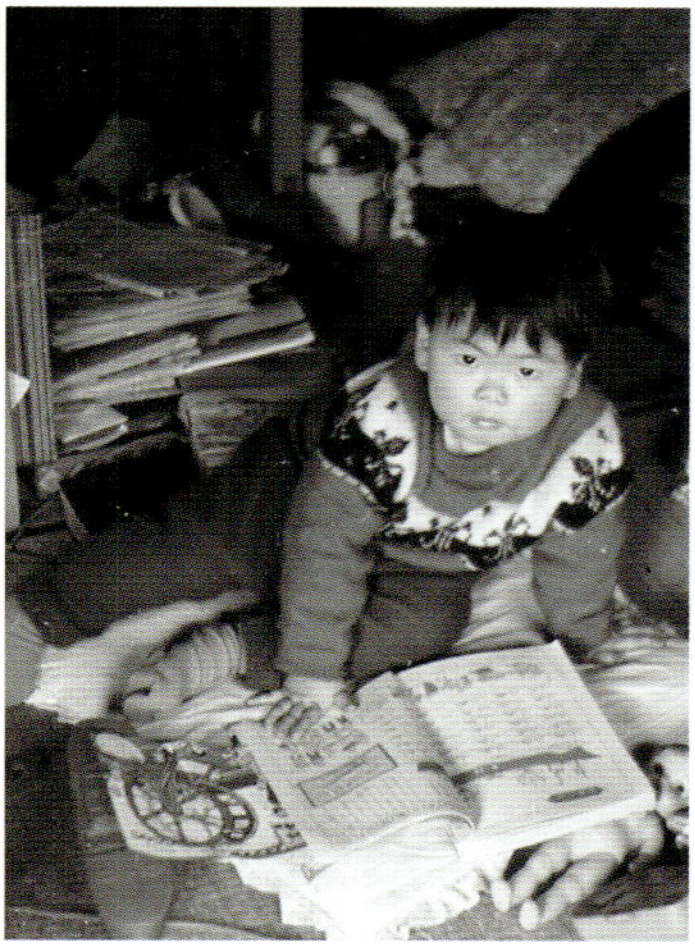

3歳頃

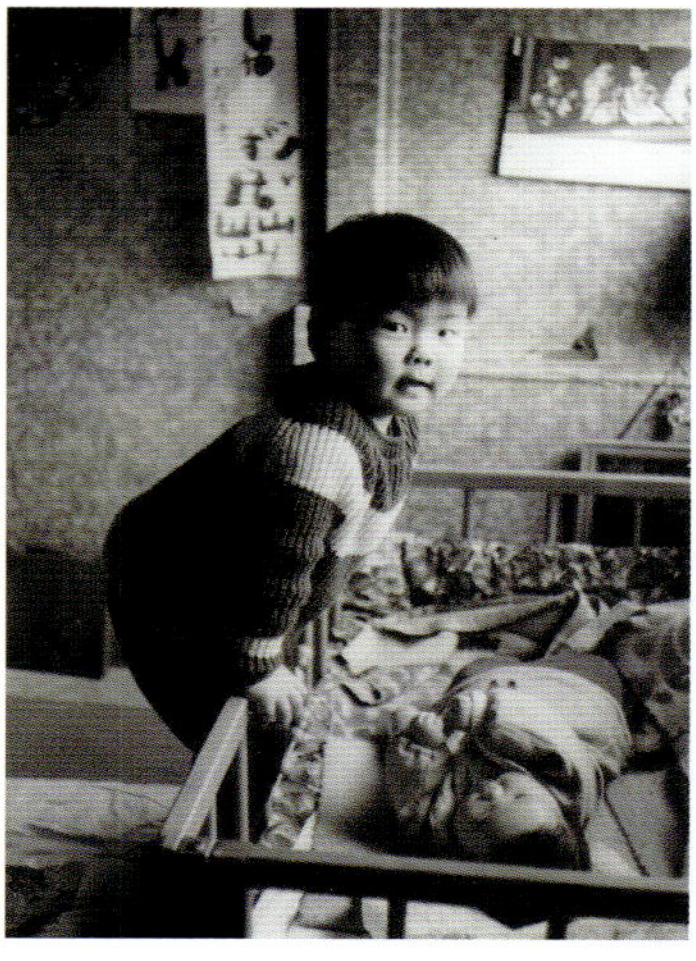

3歳頃

学院創立者　初代学院長
長谷川 繁雄

学院創立者　第二代学院長
長谷川 靖子

聞き語りシリーズ

kcg.edu

リーダーが紡ぐ私立大学史❺

京都情報大学院大学

長谷川 亘

企画・協力　日本私立大学協会
著　　　者　神代 浩
発　　　行　悠光堂

はじめに

「父とは衝突ばかりしていた」「母は宇宙物理の研究者で、二人ともコンピュータ教育に信念を持ったアカデミズムの人だった」京都情報大学院大学（ＫＣＧＩ）の総長・理事長で教授として教壇にも立つ長谷川亘は、自身の両親でＫＣＧＩの母体となる京都コンピュータ学院（ＫＣＧ）を創設した長谷川繁雄・靖子のことをこのように振り返る。そんな二人の後を継いでＫＣＧを発展させ、２００４年に日本国内第一号のＩＴ専門職大学院を開学させたのは「優秀な学生が多く集まっている学校を潰すわけにはいかない」との思いからだった。

高等学校卒業者にとって大学に行けなかったときの進学先として選択される場合も多い専修学校の世界において、ＫＣＧには将来の職業への選択肢の一つという積極的な理由で専修学校を選ぶ高校生が多かっただけでなく、早くから少なくない大学卒業生を受け入れ続け、実質的に大学院としての役割を果たしていた。

また、ＫＣＧＩも高度専門職業人を養成する専門職大学院としては特異な存在であった。従来わが国の高等教育の世界では、専修学校が短大も四年制大学も飛び越して、いきなり大学院を設置することは想定されていなかったからである。

私立学校としても、専修学校と専門職大学院という組合せで経営している学校法人は珍しい。

ならばと、ＫＣＧやＫＣＧＩの卒業生を多く受け入れてきたＩＴ業界と付き合おうとすると、業界人たちの近視眼的な発想に戸惑うばかりになる。

それでも長谷川亘はめげることなく両校を経営し続け、２０２３年ＫＣＧは創立60周年、ＫＣＧＩは創立20周年を迎えた。

ＫＣＧとＫＣＧＩがたどってきた道を見つめ直してみると、研究者養成に偏り過ぎたわが国の高等教育に専門職業人の養成という第二の道を切り拓き、若者たちの選択肢を拡大したという意味で、両校はわが国の教育界において孤高と言っていいほど独自の存在であることがわかる。


本書は、そのようなＫＣＧＩの誕生と歩みについて、創設者である長谷川亘の言葉を軸にまとめようとするものであるが、先に述べた事情から必然的に、その母体であるＫＣＧの歴史、そしてＫＣＧを創設した亘の両親、長谷川繁雄と靖子にもスポットライトを当てながら書き進めていくことをまずお許しいただきたい。実のところ、ＫＣＧは繁雄と靖子の二人が出会ったからこそできた学校であり、そのＤＮＡは息子の亘とＫＣＧＩにも脈々と受け継がれているのである。

そして、本書を読み進めるうちに賢明なる読者のみなさまはお気付きになるであろう。ＫＣＧとＫＣＧＩの歩みは一私立学校の歩みにとどまらず、コンピュータという人類文明を根本的に変革する可能性のあるシステムが登場したときに、「高等教育とは何か」「学校とは何か」「人を育てるとはどういうことか」という問いに答えようとする真摯な営みの積み重ねであるのだと。

申し遅れたが、筆者は文部科学省で40年近く勤務し、その間社会教育課長や東京国立近代美術館長などを務めてきた。高等教育行政に関する役職に就いたことはないが、縁あって本書を執筆することとなった。もとより力不足だが、ＫＣＧとＫＣＧＩを今日の姿にまで成長させてきた長谷川家二代の想いと奮闘ぶりが少しでも読者のみなさまに伝わるよう、筆を進めていきたい。

なお、本書で名前を挙げた方々の敬称は省略している。あらかじめご了承願いたい。

２０２４（令和６）年３月

神代　浩

目次

はじめに……2

第1章　京都コンピュータ学院と長谷川夫妻 ～究極の文理融合～……13

○繁雄と靖子の出会い
○私塾の設立、繁雄と靖子の結婚
○京都コンピュータ学院の設立
○KCGの教育理念
○盟友堀場雅夫との出会い
○教育用大型コンピュータの導入
○「相互不可侵条約」が発展の要因に

第2章　長谷川亘の半生……31
○学校嫌いの天才少年
○自分の立ち位置を知る
○父との衝突
○早稲田大学へ
○父の死と自身の病気
○男の侠気で家業を引き継ぐ
○こんなのは学校と違います
○初めて真面目に勉強したコロンビア大学教育大学院
○大学への対抗意識
○スピンアウト系が集まる学校
○社会が必要とする人材を育てる

第3章　ＩＴ分野の専門職大学院第1号……70
▼大卒生が入学する専修学校
○いつでも学生がコンピュータを使える環境
○最も優秀なのは中退生
○大学卒業者が続々と入学
○米国の大学・研究機関との連携
○ドメイン「kcg.edu」の取得
▼整う制度・環境
○専修学校制度の創設
○専門士、高度専門士の称号創設
○専門職大学院制度の創設
▼苦難の認可申請
○「魅力的な」設置基準
○締切まで2週間
○四面楚歌

○難産の末に
○私学の本懐を遂げる

第4章　ナンバーワンにしてオンリーワン……………………………………………… 102
○創立40年の新たな「開学宣言」
○発足当初のカリキュラム
○多彩な教授陣
○充実した教育環境・サポート体制
○開学記念式典
○留学生効果
○「英語モード」での講義
○社会人学生でも学びやすい環境の整備
○カリキュラムの充実
○おもろい人間を集める

○「日本一」の大学に
○百万遍キャンパス新校舎の完成

第5章　コンピュータは「文化」である……………………………………… 129
○海外コンピュータ教育支援活動
（International Development of Computer Education、ＩＤＣＥ）
○人生観が変わる
○「分散コンピュータ博物館」認定第1号
○コンサートホールとリアル・ジオラマ付きパーティ会場
○日本ＩＴ団体連盟の創設
○「.kyoto」の管理運営
○「コンピュータは文化」が意味するもの

第６章　「こうもり」大学院の将来……157
○京都大学との蜜月とひび割れ
○こうもりのような大学院
○スキルアップに興味を示さない日本企業
○卒業生たちの声
○誰に寄付を求めるのか？
○ＫＣＧＩ創立20周年記念式典を終えて
○学校の原点を見つめ直す
○堀場雅夫の「遺言」
終章　卒業生が変える社会……188

おわりに …… 192
長谷川 亘略歴 …… 200
京都情報大学院大学の沿革 …… 203

第1章　京都コンピュータ学院と長谷川夫妻

～究極の文理融合～

「現在、人類の文明は工業中心社会から情報産業社会へと転換しつつあり、それにともなって、政治・経済・文化・社会のあらゆる面において、旧来の価値体系の崩壊が起こりつつあります」

これはいつ頃発せられた言葉であろうか？　今人前でこんなことを言ってしまったら「何を寝ぼけたことを」とたしなめられても仕方ない。今世紀初頭あるいは１９９０年代であれば、まずまず真っ当な時代感覚ということになるだろうか。

しかし、実際にこの言葉が発せられたのは１９６９年のことである。発言したのは京都コンピュータ学院（ＫＣＧ）創立者の長谷川繁雄。この年の7月20日に人類が初めて月面に着陸したのだが、それを支えたシステム工学の発達に以前から目を付けていた彼が、翌年から全日制のＫＣＧを開校すべく、入学案内に記載したのである。

当時日本で情報処理技術者を育成するための教育は、東京大学や京都大学など一部の限られた大学以外では行われていなかった。そんな時期に、ＫＣＧは長谷川繁雄と妻の靖子の文字通り二人三脚によって、高等学校卒業者に対するわが国最初の全日制情報処理技術専門教育課程としてスタートしたのである。

「専門学校は技術の教育、職業訓練を行うところ」という社会通念が一般的だった当時、ＫＣＧはそれを打ち破って「コンピュータ技術の学問的性格を重視し理論をおろそかにしない本格教育」という教育理念を掲げ、「ただ単に技術のみに長けた人材」ではなく、「応用力もあり人格的にも優れた人」の育成を目標とした。その結果ＫＣＧは、コンピュータ(1)の急速な普及という時代を先取りし、多くの優秀なコンピュータ技術者を輩出するとともに、産業界から高い評価を獲得するに至る。しかし、その道のりは決して平坦ではなかった。

○繁雄と靖子の出会い

長谷川繁雄と靖子が出会い、ＫＣＧを創立するまでのいきさつについては、ＫＣＧのウェブサイトに「創立物語」として公開されている(2)。詳細はそちらに譲るが、時系列的に若干入り組んでいる部分もあるので、改めて二人の人生とＫＣＧ創立に至るまでを、できるだけ順を追って振り返ることにしたい。

長谷川繁雄は１９２９年11月15日、兵庫県明石市の商家の長男として生まれた。読書を好み、勉強もスポーツも得意な青年で、第二次世界大戦中は地元の工場で戦闘機などの生産に携わっていたが、終戦により「自身が教えられた価値観が逆転した」ことをきっかけに詩や哲学を勉強し始め、１９４９年９月、新制国立京都大学の第一期生として文学部に入学する。ドイツ文学とフランス文学を専攻し、その後は哲学科に籍を置いて研究を続ける。東京大学の著名な教授の講義を受けるために、東京に在住していたこともあるという。

井上靖子（のちの長谷川靖子）は１９３２年11月１日、和歌山県和歌山市の著名な歯科医の次女として生まれた。勉強好きで天体に興味を持っていた彼女は、１９４９年湯川秀樹が日本最初のノーベル賞を受賞したことに刺激を受け、繁雄に遅れること約２年後の１９５１年４月、京都大学理学部に入学する。宇宙物理学教室に初の女子学生として入り、研究者になることを夢見て大学院にも進む。

二人が最初に出会ったときの様子について靖子に尋ねたところ、以下のような詳しい回答が得られた。目の前に情景が浮かぶような文章なので、あえてそのまま引用する。


長谷川靖子（以下「靖子」）「戦後、戦時中の大義名分がすべて崩壊し、社会全体は泥沼カオスを呈していた。戦時中、日本人全体を支えていた、生きることの意義が崩壊し、ただ瓦礫と化した社会の混乱から、人間の持つ欲望の醜さが至るところでむき出しになっていた。そのような社会に融け合うはずもなく、絶望し、孤独の中に沈潜していた二人であった。

出会ったその時、彼は、自分の作った詩を私に見せた。彼の専攻は、フランス文学の象徴主義の詩で、ヴェルレーヌ、ランボー、マラルメなどの詩であり、彼の詩にもその象徴主義の影響が強くでていた。私は、彼の詩を読んだが、彼自身の内面の象徴としての詩が多くあった。魂の内面は、日常の言葉で表現し得ないのが普通であるが、私は、彼の詩を分析して日常の言葉で表現すると、彼はものすごく喜んだ。そのような事は、彼にとっては初めてであり、自分を理解する初めての人に出会ったと感激した。

その後、私は私が書いた詩を見せたが、彼は、それを読んで、『同じ事が書いてある』と叫んだ。二人は、お互いのほとんど合同に近い相似性に狂喜した。

二人はそのまま夕食の為に外出した。二人とも、これまで、誰にも理解されないため、門外不出であった人生観・文学観・世界観などを、とめどなく話し合い、心が一つになっていたと思う。気づいた時には、外出してから3時間もたっており、街のレストランは、ほとんど閉まっていた。

それが最初の出会いであった。彼はその時、私と結婚しようと心に決め、また、一方独身主義者であった私は、結婚するなら彼と、と心に決めたのだった。二人の間は、他の何者によっても、代替不可能な、知的友情が生まれたのである。いわゆる色恋沙汰の感情が沸き起こったのではない。己の持つ知性の頂上における共感であった。

私達は、その時、その後の二人の一生を貫く、他の何者によっても代用できない、硬い友情で結ばれたのである。後年彼は、『異性間でもし友情が成立すれば、それは最高の愛になる』と言った。

当初、二人が出会った頃は、彼は、自殺の事ばかり考えていたが、その時以来、彼は、孤独な魂、厭世観から脱却し、生きる気力を持ち始めた」

○私塾の設立、繁雄と靖子の結婚

１９５７年から二人の人生は大きく動き始める。繁雄は京都大学卒業後、奈良県吉野郡の山あいにある川上村立第三中学校に教員として採用され、教師としての第一歩を踏み出す。しかし靖子は、歯科医の父親の急逝により、研究を中断して和歌山市の実家に戻り、家族の生活費や弟妹の学費を捻出するため、「井上数学塾」という塾を実家に開設して高校生たちに教え始める。

繁雄は生徒たちに徹底して友情の大切さを教え、「自我の目覚め」を促し、卒業時に「人生と幸福」をテーマに作文を書かせるなど、独自の教育方針で人間形成教育に取り組んでいたが、翌年にはその方針をめぐって上司や教育委員会と激しく対立し、「私は、自分で自分の学校を作る」と宣言し、半ば喧嘩別れ同然で中学校を去る。

そして和歌山市の靖子を訪ね、結婚と塾の共同経営を申し出る。靖子もこれを受け入れ、二人は結婚。塾の名前を「井上英数塾」に改めて再スタートすることとなる。

さらに翌年、6畳一間の塾を武家屋敷跡の一隅へ移転、手作りの教室を整えて塾名を「和歌山文化研究会」（和文研）と改め、中学生・高校生向けの私塾教育を始める。二人は学生の同好会である「京都大学親学会」が始めた高校進学模擬試験（アチーブメントテスト）に目を付け、和歌山県内の中学校を回って学校単位の受験、すなわち全員参加の受験を獲得することで、塾の経営資金を充実させることに成功する。

1960年には和歌山市妙法寺の境内に建てられた本堂ビルの2階に教室を移転。多くの優秀な学生が集まってくる。

ここで二人は実にユニークな教育を実践している。靖子は次のように語っている(3)。

学院創立者夫妻（川上村にて）

靖子「この頃の社会的背景として、大学受験ビジネス業者による大学の序列化が定着し、偏差値教育の弊害が大きくなって来ていたので、私達は、このような風潮に反発して、塾の教育方針として〝大学受験〟

を目的とせず、〝才能教育〟を目的とした。

繁雄は、英語教材を使いつつ、生徒に文学を教えることを怠らなかった。繁雄は文学を通して、生徒たちを自我に目覚めさせ、理想を抱かせ、主体的な自分の生きる道を発見させていくという人間教育を、英語教育と並行して実践した。

私も繁雄と同じく、大学受験を目的としたノウハウ式教育は大嫌いであった。単なる受験指導を超えて、高校生たちに数学への関心を喚起させ、才能を開発させていく〝学問する心〟を育てていった。

繁雄は英語教育を通して、人間形成の教育を実施し、私は数学教育を通して、才能開発の教育を実施し、私達二人の私塾からは、東京大学、京都大学をはじめトップレベルの大学への進学者が、どんどん増加していった」

その時の教え子たちの数名はいま、京都情報大学院大学の教授に着任している。

○京都コンピュータ学院の設立

塾の経営状態も安定してきた1962年、靖子は「もう一度研究の道に挑戦してみたい」との希望を持ち、京都大学大学院宇宙物理学教室に復学。それに伴い二人は京都大学のすぐ近くに「和文研セミナー京都教室」を開設、先に靖子が語ったような才能教育をここでも実施することで評判を高めていった。

翌６３年靖子は、京都大学で学術研究のために使用が許可された大型計算機ＩＢＭ７０９０の利用を目的として「ＦＯＲＴＲＡＮ研究会」を立ち上げる。同研究会が主催する講習会は、同大学の若手研究者を対象に「和文研セミナー京都教室」において定期的に開催されるようになる。

この講習会がＫＣＧの起源であるとされている。当時日本のどの大学にも情報系学科は設置されていない。日本語のコンピュータ関連の書物も全くなかったため、当時の講義は米国のメーカーの英文マニュアルや海外から取り寄せた洋書をもとに行われていたという。

１９６５年12月に国産大型コンピュータ第1号機が東京大学と日立製作所の協力で完成すると、靖子は開発者である森口繁一東京大学教授に乞われて、若手研究者たちとともにテストランに加わる機会を得る。

やがて同会は「京都ソフトウェア研究会」と改称され、京都大学以外からも参加者を募り、各種の「電子計算機プログラミング講習会」を開催するようになる。この講習会で行われたアルゴリズム、シミュレーションなど様々なアプリケーション・ウェアの講習はわが国最初のものとして注目され、大学の研究者・事務職員にとどまらず、京都内外の民間企業の研究所からの受講者も次第に増え、大学生を含む一般市民まで参加者層が広がってゆく。

ここからＫＣＧを設立するまでの経緯について、靖子は次のように回想する。

靖子「私の夫が、私が始めたコンピュータ講習会に多くの人が集まるのを見て非常に驚き、近未来におけるコンピュータの急速な進歩を予感し、社会の変化に対応する、膨大な数のソフトウェア技術者が必要になると予見したのだ。しかしそれに応える教育機関が日本には一つも存在していなかった。

私は、友人に文部省の要職（おそらく課長）にある人を紹介され、『早くそういう学校を作るべきではないか、あるいは高等学校教育に（リテラシー教育として）入れるべきではないか』と考えを伝えた。しかし、文部省や教育界では、コンピュータを学術研究、ビジネスのためのスペシャルな道具ととらえていて、大量のプロとしてのコンピュータ技術者に対する社会的なニーズの到来を把握できていなかった。夫は、未来を見据えプロとしてのソフトウェア技術者の育成を誰かがやらなければいけないと確信しているときに、文部省の意向がそのようなものであったので、それならば、コンピュータ技術者養成を専門とする新しいカテゴリーの学校を自分達で創造するしかないと考えるに至った。

全日制「京都コンピュータ学院」一期生（洛北校にて）

彼は、教育に関しての自分なりの原則を毅然として貫きながら、極めて大きな情熱と温かい愛情で生徒の教育に打ち込んでいた。そのような彼が、その後、コンピュータブームの到来を予見し、社会的に不遇に扱われている高卒者を対象に、コンピュータ技術者のプロとして生きる新しい道への門戸を開くことに、教育の意義を見出したのである。彼は、コンピュータ教育を自らのライフワークとして捉えたのであった。

しかし、夫は、コンピュータに関しては、門外漢であったため、教学関係は、私の領分として、私に全幅の信頼をおいた。彼の着想は、彼の意志となり、二人で協力してコンピュータの専門学校を創ろうと連日連夜、私を促したのである。

色々悩んだ末に、私の中のパイオニア精神が強く働いて、熱意を燃やしていた夫に同調し、日本最初の情報処理技術者養成の専門学校（個人立）京都コンピュータ学院を立ち上げるに至ったのである」

１９６９年８月に開校したＫＣＧの第一期生は40名。小さいながらも確かな一歩が始まった。

○ＫＣＧの教育理念

ＫＣＧは、開校当初から「専門学校は技術の教育」という社会通念を破り、「学問と技術の統一教育」を旗印に、以下の５箇条を教育理念として掲げる。

一、コンピュータ技術の学問的性格を重視し理論をおろそかにしない本格教育
一、コンピュータ技術の進歩発展に対応する教育
一、コンピュータ技術における創造的能力の養成
一、情報化社会における複眼視的思考力の養成
一、知性・感性ともにすぐれた人格の育成

これらの理念が京都情報大学院大学（ＫＣＧＩ）創設の際にも継承されたのは言うまでもない。

○盟友堀場雅夫との出会い

当時靖子は不二家や服部時計店（現在の株式会社和光）などいくつかの企業の処理プログラムなどの作成を請け負って得た収入を学校の開設・運営に当てていたのだが、その中でＫＣＧにとってかけがえのない人物に出会う。株式会社堀場製作所の堀場雅夫である。

１９６０年代後半、わが国は高度経済成長の最中にあったが、工場や自動車から排出される様々な有害物質による大気汚染も深刻化していた。これに対応するため１９６８年大気汚染防止法が制定され、自動車の排気ガス[4]が初めて規制対象になる。国が大気中に含まれる自動車排出の有害物質の許容限度を定め、都道府県がその濃度の測定を行うこととされたのである。

となれば、そのような有害物質を測定する機械の需要が一気に高まるのは誰しも予測できるところである。そこで１９７０年、堀場は当時国産ミニコン第1号機を開発した日立製作所を通して、靖子に排気ガスの解析プログラムの開発を依頼した。靖子は見事にこの依頼に応え、彼女が作成したプログラムを内蔵したミニコンは堀場製作所製作の排ガス測定装置に組み込まれ、同社のヒット商品になる。靖子も日立から高額の報酬を得て、ＫＣＧの設備拡充に役立てることとなる。

これをきっかけに、堀場はＫＣＧにとって最も頼りになる応援団であり続ける。節目の式典では必ず来賓として挨拶するだけでなく、ＫＣＧＩ設立の際にも大きな役割を果たすことになる。

○教育用大型コンピュータの導入

ＫＣＧが目指す教育を実効あるものとするためには、学生たちが使いたいときにコンピュータを使えるようにする環境が不可欠である。

しかし、開校直後に学内で教育用コンピュータとして使えたのは、先に靖子がシステム開発を担当した日立のミニコンしかない。中型機以上のものを導入したいが、若い繁雄と靖子には、まだそこまでの資金はない。

ところが開校４年目の１９７２年、二人の理想と情熱に感動した東芝の好意でＴＯＳＢＡＣ－３４００がレンタルされることとなる。中型機ながら大型機並みの性能を有する、当時トップクラスの機械として評判だったものである。この機械が設置されたとき、靖子はうれしさのあまり、そのフロアでワルツを踊ってしまったという。そして、繁雄はこれ

1972年 TOSBAC－3400が設置される

を靖子への「結婚指輪」として贈る、と言ったとのエピソードが残っている。

１９７９年には外資系のユニバック（その後のＵＮＩＳＹＳ、現在のＢＩＰＲＯＧＹ）から超大型機を導入することにも成功し、その後も大企業からの協力・支援が相次ぐ。この結果、当時大学においても限られた研究者しか使用できなかった大型・中型機を各種揃えただけでなく、これらは学生の実習用に24時間開放されることとなる。こうして、常に最先端のコンピュータ教育を実施することが可能となったのである。

○「相互不可侵条約」が発展の要因に

草創期のＫＣＧについて、靖子はこう回

想する。

靖子「私が教学面を担当し、夫は経営面を担当した。教育理念は、二人とも全く一致していた為、後は、仕事の領域での教学・経営の分業であった。

二人とも理想主義者であり、自身の〝理想を追求する〟という点に関しては、どんなに非現実であっても妥協を許さない性格をそれぞれに持っており、それをお互い認め合った上での分業であった。二人の間には、暗黙の中に相互不可侵条約が機能していたと思う。この分業体制が、その後、ＫＣＧを発展へと導く大きな要因となった」

良好な夫婦関係継続の秘訣が学校経営にも活かされた、と見るのはいささか下世話な解釈であろうか？

【注】

（1）Computer の日本語表記については、「コンピュータ」と「コンピューター」が混在している。前者は日本規格協会が１９５１年に規定した日本産業規格（ＪＩＳ）Ｚ８３０１「規格票の様式及び作成方法」の附属書Ｇ（規定）「文章の書き方、用字、用語、記述符号及び数字」中の「Ｇ．６　用語及び外来語の表記」による。「原語（英語）の語尾の長音符号を省く場合の原則」のa)として、「その言葉が３音以上の場合には、語尾に長音符号を付けない」と規定されている。これに対し、後者は１９９１年６月28日に公表された内閣告示第2号「外来語の表記」によるもので、「留意事項その２（細則的な事項）」「Ⅲ　撥（はつ）音、促音、長音その他に関するもの」「３　長音は、原則として長音符号「ー」を用いて書く。」の注3として「英語の語末の－ｅｒ、－ｏｒ、－ａｒなどに当たるものは、原則としてア列の長音とし長音符号「ー」を用いて書き表す。ただし、慣用に応じて「ー」を省くことができる。」と定められ、例の1つに「コンピューター」「コンピュータ」双方が挙げられている。

ＪＩＳ規格Ｚ８３０１は２０１９年に改正され、改正後の附属書Ｈ（規定）「文章の書き方並びに用字、用語、記述符号及び数字」中の「Ｈ．６　外来語の表記 外来語の表記は、主として〝外来語の表記（平成3年6月28日　内閣告示第2号）〟による。」とされた。

しかし、本書では長谷川亘の意向により「コンピュータ」という表記で統一することとした。改正前のＪＩＳ規格には亘を含め当時の情報処理学会やアカデミア関係者、当時コンピュータを生産していたメーカー（日立、富士通、東芝など）関係者たちの強いこだわりと思いが反映されているという事情がある一方、先の内閣告示にある「ただし、慣用に応じて「ー」を省くことができる。」という文言からすれば、告示に反しているとも言えないからである。

たかが「ー」の有無ではないかと思われるかもしれないが、そこに込められた情報処理技術に対する将来性への確信と社会変革への期待が、読者のみなさまに少しでも伝われば幸いである。

なお、上記メーカーでは、現在でも「コンピュータ」と表記していることが多く、パソコン時代のソフト会社やメーカーは「コンピューター」と表記することが多いようである。ＩＴ業界では、このような表記の違いでその企業の歴史がわかるという人もいる。

（２）https://www.kcg.ac.jp/school_info/foundation_story.html

（３）以降の靖子の証言は、彼女から文書で送られてきたものを、筆者が内容に影響がない範囲で最小限の編集を行ったものである。

（4）大気汚染防止法上の用語は「自動車排出ガス」。

第2章　長谷川亘の半生

○学校嫌いの天才少年

1960年8月1日、長谷川亘は繁雄と靖子の長男として生まれる。第1章にまとめた京都コンピュータ学院（KCG）創設までの経緯を振り返ると、亘の幼少期は和文研の和歌山から京都への移転からFORTRAN研究会立ち上げの時期に重なる。

当時の亘について、長谷川靖子に今度は母として振り返ってもらおう。

靖子「亘が生まれた時、体重4kg。髪の毛は、真っ黒に生えていて、誕生3日目に私が抱いていたが、目をギョロっと開けて、辺りを見廻していた。医者は、『まるで生後3か月も過ぎたみたいな赤ちゃん』と言っていた」

亘自身によると、一番最初の記憶は、「黒板に父親が書いていたミミズみたいな字、母親が書いていた三次曲線を、教室の後ろからハイハイをしながら見上げていたこと」だという。おそらく「ミミズみたいな字」は筆記体の英文であろう。また、三次曲線は数学のそれだろう。亘の、その次の記憶は、よちよち歩きを始めた頃「（歳上のお寺の息子が投げつけた）雪つぶてが目の前に飛んできて、バシーンと当たってワンワン泣いた」という子供らしいもの。和歌山妙法寺の境内での出来事のようだ。

父の繁雄は幼少期の亘をどのように育てたのか。靖子によると、亘には幼児語を使わせなかった。「ワンちゃん」「お花ちゃん」でなく「犬」「花」と言わせていたそうだ。

その一方で、亘自身によると、物心ついた頃から両親が経営する塾の中で生活していたせいか、自然と？　学校嫌いになっていたという。通常より1年早く、2歳半で靖子が昔下宿していた寺院の幼稚園に入れられた亘は、その才能？　を遺憾なく発揮する。

「家で父親と母親がやっていることの真似事を、母親よりも若いお姉さんが、ちびっこを集めてしていた。黒板に書いてあるのは、難しい英語や数学ではなくて、見たらわかるチューリップの絵。先生はピアノを弾いて、ちびっこたちが何かわかりやすい歌を歌っている。それで授業には参加せずに砂場でずっと一人で遊んでいた」

靖子によると、「幼稚園の先生が、月にウサギが住んでいるという話をすると、亘が『月にはウサギは住めない。月全体は砂漠みたいで、空気がない。クレーターがあるだけ』と答えた。別の機会に、幼稚園の先生が園児に『みんながお花ちゃんに水をあげるから、お花ちゃんはうれしそうにしているね』と言うと、亘は『先生、花には茎があって、その茎を通って、水が花に行く』と答えるので、先生は困ってしまった」

幼稚園側にしてみれば、通常より早めに受け入れたにもかかわらず、先生の言うことを聞かない、さぞ扱いにくい幼児だったに違いない。

その一方で、靖子はこんなエピソードも紹介してくれた。

靖子「ある日、京都府立大学の児童心理か児童教育の先生が、大学生を連れて実習のため幼稚園を訪問した。園児の前には、木の橋の上に乗せたミニカーがあり、木の道具でミニカーを押してトンネルを通すというテストだった。大小の木の道具がいくつか並んでおり、トンネルに合わせて押す道具を選ぶのだが、他の子どもたちがトライアルアンドエラーを繰り返すのに比して、亘は一瞥で適切な道具を選び、トンネルを通した。他の知能テストもすべて一瞬で解答し、先生を驚かせた。京都府立大学の先生は大変亘に興味を持ち、一日大学に研究の対象として来てほしいとのこと。私は一緒に大学に行ったが、別室で待機。いろいろとテストをしたらしいが、私にはどのような実験をしたかは知らせてくれないで、最後にただ一つ、『この子は、なんの努力をしなくても東大に入れるし、周囲の人もそれが当たり前と感じる。そんな聡明さがある』と言われた」

亘によると、知能指数を測るようなテストで様々なものをさせられたという。いずれもつまらないものばかりで、嫌で嫌で、早く帰りたくて仕方なかったそうだ。

靖子「この一件により、亘にとって大学というものに対する印象がものすごく悪くなった」

その後靖子は、テストの結果で聞いたことを裏付けるような出来事に何度も遭遇することとなる。

靖子「亘は３歳までに言葉をよどみなく話せるようになり、次の年からはひらがなの読み書きができるようになった。そして、子供向きの本を次々と自分で読んでいた。アルファベットの英字の読み書きも全部できたので、お風呂屋へ行くと着替え入れの篭に英字が書かれていたが、それも全部理解していた。近所にＳＯＮＹの電器店があったが、その看板を見て〝Ｓ〟〝Ｏ〟〝Ｎ〟〝Ｙ〟を理解した。亘に『これなんと読むの？』と聞かれたので、私は『ソニー』と回答した。その後はその看板を見ては『ソニー』と声を出して読んでいた。

小学校に入る前には九九の掛け算も全部マスターした。幼稚園で測定した知能指数は、一人だけずば抜けて高かった」

その一方で、靖子にはこんな思い出もある。

靖子「幼稚園の卒園式のときに、参列している保護者に向かって挨拶するよう、亘が担当に決められていたが、家では私がいくら催促しても少しも練習しない。ところが当日幕が上がると、舞台で低音の大きな声で堂々と挨拶した。私は涙を抑えることができなかった」

最初からできると自信を持っていたので、余計な練習をする必要はないと思っていたのだろう。

小学校に入っても天才少年亘は快進撃を続ける。

靖子「1、2年生のころ図鑑に大変興味を持ち、それを購入して与えると一週間もたたないうちに全部覚えてしまった。担任の先生は『亘君がクラスにいると他の生徒に対して知識の刺激を与えるので嬉しい』と言っていた」

ところが、亘の天才ぶりは早くも迷走？　し始める。

「3年生か4年生のとき、家の2階の教室にＨＩＴＡＣ10という、冷蔵庫くらいの小さなコンピュータが日立から貸与されて入ったんです。それで算数の宿題をやろうとすると『電子計算機にさせてはいけません』と怒られる。計算問題をコンピュータに出力させようと思ったら、算数がわかってないとできないわけですよね。でも先生から『けしからんことをする』と言われて学校嫌いになった」

筆者も小学生の頃三ケタや四ケタの計算問題の宿題を電卓でやろうとしたことがあったが、上には上がいるものである。

靖子はこの関連で忘れられない出来事がある。後年亘があるパーティの席上で「小学生のころ家にお風呂がなかったけど、コンピュータがあった」と挨拶したのに驚いたというのである。

靖子「私にとっては､コンピュータは家財道具の一つではなく､仕事のための設備であった。しかし子供にとっては、お風呂に入ることもコンピュータを操作することも、同列の〝日常の事〟であった。コンピュータ教育を自分の日常として感じる環境に育ったことにより、亘の中には自然にＤＮＡの一部として、コンピュータというものが植え付けられて行ったのだろう」

さらに靖子は、亘が4年生のころの出来事を覚えている。当時は1960年代後半、学生運動が活発だった時期である。長谷川家の自宅兼学校は京都大学にも近い百万遍の界隈にあり、過激派の学生と警官隊がにらみ合っては火炎瓶と催涙弾で衝突する、といった状況が続いていた。そんなある日、

靖子「亘は一人で百万遍までそれを見に行き、小学校を遅刻した。担任の先生に注意されると、亘は『百万遍の事件の方が学校に行くことより大事だと思った』と言った。

4年生まで知識欲は旺盛であったが、5年生に入って急速に興味を失っていった。学校の勉強以外の社会的な事柄に興味を持ち、また趣味にも異常に関心を持った。車や鉄道や模型の工作などに関心が深く、趣味というより熱中に近かった。私は、亘と長女に当時廃止の寸前だった蒸気機関車を見せるため、二人を北海道や東北に連れていった。

6年生の授業参観日。歴史の授業であったが、亘は教科書と参考書を机の上に置いていた。先生がそれを指摘して『教科書以外のものは片づけなさい』と注意すると『先生の言われることに間違いがあるかもしれないから、参考書を横に置いて調べている』と言った。先生は反論できず、押し黙ってしまった。保護者会の後、保護者の間でそのことが評判になった」

先生に反論の余地を与えない。だんだん扱いにくい子供になってきた、いや精神的にはもう立派な大人である。亘は当時の自分を以下のように分析する。

「既存の教育制度というか、権威的なものが最初から嫌いだったんでしょうね。一律に抑圧され、拘束されていくように感じていました。だから、何かにつけて反抗していたのだと思います」

独立独歩の教育者としての長谷川亘の原点が、このあたりにあるのかもしれない。

○自分の立ち位置を知る

学校制度や先生には馴染めなかった一方で、亘の通った公立の小学校から高校には京都大学教授の子供もいれば、自営業の子供、お寺さんの子供、在日朝鮮・韓国人の子供など、様々な背景を持つ児童・生徒たちが集まっていたという。

そんな小学校での班別活動でいつの間にか班長になっていた亘は、子供社会における自分の立ち位置を自然と認識するようになっていく。

「自分は班長なのに全然従わない子も、喧嘩する子もいました。ライバルみたいな子も当然いましたし、絶対勝てない相手もいました。それでも、クラスの中の班長の一人なんだから、彼らをまとめ上げないと、と思っていました」

このような小学校時代の経験は、亘にとって貴重なものだったという。

「京都を裏で操っている世界の人たちの話とか、今で言う反社会勢力の実情など、子供の頃の友達に聞くと今でも普通に情報収集できます。このような『現実』は、日本の中でも京都だけでしょうね。東京や他府県ではそういうことはできないのではないでしょうか。1200年余の歴史ある都ですから、人間社会のしがらみがたくさんあります。それは同時に、情報のネットワークでもあるのです」

この幼少期から高校時代までに築き上げた人脈は、亘の人生を形成する上で掛け替えのない財産と言えそうだ。

○父との衝突

その一方で亘には妹と弟ができるわけだが、両親にとって亘が一番扱いにくかったようだ。

「小さいときから自分の判断は絶対正しいという思いがあったというよりも、自分の判断が最優先で、たとえ親であろうと、何か指図されるとその裏を読もうとする習性がありましたね。なぜなのか自分でもわからないのですが、寂しいほどに冷徹なセンスだとも言えるので、不幸な話だったと思います。信じることができたら、疑う必要もなく鵜呑みにして、平和な気分で次に行けるのだから」

小学校高学年から中学、高校にかけて、亘は父繁雄と衝突することが多くなる。亘は京都の進学校として評価の高い洛星中学・高校へ行きたかったのだが、父は頑として許してくれない。第1章で紹介したように、偏差値教育とは一線を画した塾を経営していた繁雄にしてみれば、自分の息子がいわゆるお受験校の代表格のような私立進学校へ行くことなど、考えられなかったのであろう。しかし、亘にしてみれば理不尽な話ではある。亘は単に受験勉強だけに集中できる学校に行きたかったのだという。

靖子「中学校の教育方針が、勉強ができない生徒を中心に計画され、教科書を易しく書き直して、それをガリ版刷りのプリントにして生徒に渡していた。しかも教科書に記載されている絵などは一切入っておらず、紙もわら半紙であり、勉強の楽しみさえ奪われているような状況であった。

さらに、勉強のできる子にはできない子を指導するという仕事を与え、それを自分の勉強よりも優先させた。亘は、自分自身の向上のための学習意欲を失っていった」

では、何をしていたか。亘によると、

「とにかく飛び乗って自由に遠くへ行けるものが好きでね。小中学校の時は自転車で、高校時代はオートバイで。親と喧嘩したら飛び乗って逃げる。精神的な重圧からも飛び乗って逃げる。自由にどこでも行けるもの。それで、朝からあちこちをぶらぶら徘徊して、学校に行かずに家に帰ったりしていました」

靖子「高校では、近隣に在住する生徒の自転車通学が禁止されていたが、生徒達はそれを守らず大勢が自転車で通学していた。生徒指導の先生が、生徒全員に『今後学校に自転車に乗ってきたら、その自転車を運動場に集めて燃やす』と宣言。しかし、それは脅しで実行しなかった。校庭には、水を入れたガソリン缶が置かれて、生徒を威圧していた。亘は『燃やすと言ったからには、燃やすべきだ。嘘をついたことになる』と脅しの教育を非難した。

学生運動と警官との衝突の際、鴨川の荒神橋から川に落ちた生徒の中に（亘が通う）鴨沂《おうき》高校の生徒がいたことが新聞で報じられた。京都市内の銀行は、それまで毎年同校の優秀な卒業生を採用していたが、その事件後彼らは採用しないとの方針を打ち出した。

校長は講堂で、生徒全員の前でその話を持ち出し、『他の生徒にこんな迷惑をかけるのだから、自分のことだけ考えて学生運動に参加しないよう……』と述べた。亘は、そのとき挙手して校長に対し、『事故にあった生徒は、一所懸命自分の生きる問題に真面目に取り組み、そのためにゲバのデモに参加した。その結果の事故だから、この問題は銀行側に不当性があることを主張するべきである』と発言した。

そのため校長は、職員会議で『長谷川亘を退学させるべきだ』と激昂したが、女性の国語の先生（京都大学卒）と他2名の先生が『この生徒は非常に良いところを沢山持っている。こんなことで退学させるべきではない』と反対したので、退学処分にならずに終わった」

亘のことをちゃんと見ている先生もいたわけだ。

靖子「このころ私が見つけた、亘が制作委員をしていた卒業アルバムの絵であるが、大きな風船を画面の半分ぐらいに描き、その風船の破れた一端から、自分の顔をのぞかしている。横に大きく〝鴨沂の自由〟と題が書かれていた。鴨沂高校にはいろいろな学則が多く、自由が少ないという不満の表現であったのだろう」

今の長谷川亘の姿からは想像もつかない、殺伐としつつもドラマチックな青春時代である。終戦直後の父繁雄の姿に重なるところもあるように感じるのは、筆者だけだろうか。ただ、亘の高校生活は彼の人生にプラスの意味でも大きな影響を及ぼした。それについては後述する。

○早稲田大学へ

亘は現役での大学受験に失敗し、親に言われてしぶしぶＫＣＧへ入学させられた。しかし、親の経営する学校で学校嫌いが治るはずもなく、その後早稲田大学に合格し、上京する。なぜ父母が卒業した京都大学を目指さなかったのだろうか。

「もともと高校時代から東京に行きたかったんです。京都大学なんて幼稚園の時から自分が遊んでいた庭みたいなところで、宇宙物理学の教室の地下に自分の基地があったし、どこに行けばザリガニがいるとか、カブト虫がいるとか、全部知っている。そんなところなんで、大学として行く気は全くなかった。東京という大都会で暮らしてみたかった。何よりも、親から遠く離れたかった」

では、東京で自由な生活を満喫できたのだろうか？　亘はあまり語ろうとしなかった。「精神的に一番苦しい時代」で、２年生の時は大学に行かず、バックパックを担いでヨーロッパを放浪していたという。

○父の死と自身の病気

亘の中学・高校時代はＫＣＧの成長期であった。設立当初は情報処理科・情報科学科の２科だったが、１９７５年に情報工学科を新設し、翌年には新制度に基づく専修学校工業専門課程として認可を受ける。７９年には鴨川校、白河校が認可を受け、大型計算機センターも完成する。

しかし、その一方で父繁雄には大きな試練が降りかかる。毎日新聞の記者と喧嘩して、学校のことを批判された。「京都コンピュータ学院では、京都府から認可された定員の二十倍以上の生徒を抱えている」「文部省が京都府に調査を指示」「一部の生徒と授業内容などをめぐってトラブルになっている」という記事だった(1)。当然、学校内では大騒ぎになった。在学生の中には、毎日新聞側に立って学校を糾弾しようとする者も出てきて、その中に友人知人がいた亘自身も板挟みとなり、強いストレスのせいか、原因不明の熱病になって入院。その後、10年ほどずっと後遺症の微熱が続いたという。

ただ、この記事が一つのきっかけとなって、「京都大学の大学院生に習える学校」だということが知れ渡り、コンピュータのように新しい分野の学問に真っ先に挑戦するのは東大・京大の大学院生であったことから、「怪我の功名」と言うべきか、全国からさらに多くの学生が出願してくるようになった。これに対応して環境整備を進めた結果、84年に百万遍校、翌85年に京都駅前校、高野校が認可される。

その一方でKCGに労働組合ができる。亘によると、当時は学校法人が左翼団体や反社会勢力などに乗っ取られるのが横行していた時代で、その組合も、表面上は労組の権利を標榜しながら、後ろで糸を引いているのは、そのような意図を持った勢力であったようだ。

ただでさえ学校発展のため資金調達や施設設備の拡充、講師や学生の募集に東奔西走し、私利私欲とは全く無縁であった繁雄にとって、ありもしない不評のビラ配布、街宣の声に連日連夜悩まされ、仲間だと思っていた教職員たちから無理難題を突き付けられたとき、どんな思いがしたであろうか。

繁雄は１９８６年５月、病に倒れる。癌に侵されていたことがわかり、治療の甲斐なく同年７月２日、56年の短い生涯を閉じる。医学的には急性の癌が死因なのだろうが、亘は異なる見方をしている。

「父はストレスを受けて死んでしまったんです」

○男の侠気で家業を引き継ぐ

父とは衝突することが多かった亘だが、子供のころから両親が設立したＫＣＧを受け継ぐ覚悟はできていたようだ。周囲の友達からもそのように思われていたし、特に繁雄自身が長男であったにもかかわらず実家の仕事を継がなかったために、亘は小さいころから親戚のプレッシャーをかなり受けていたという。そもそも昭和という時代、自営業であれば長男が跡を継ぐのが常識であった。

そのため、亘なりの準備もしていたようだ。

「高校時代、運動会系のクラブは既存のボート部に入って、別途、自転車競技部を自分で創ってやっていたんですけど、人前で話す練習もしなきゃいけないと思ったんで、文化系のクラブは落語研究会に入ったんです。先輩に可愛い女の子がいたというのも重要な動機でしたね（笑）」

大学在学中にもKCGの仕事を手伝ってくれる人を探すなど、学校経営の一端を担っていたという。

しかし、いざ自分が経営を引き継ぐと、想像以上の困難が待ち受けていた。

「両親が無一文から学校を始めた、ということは借金で始まっているわけですよ。父が亡くなるときに、私立文系に行っていたおかげで、算数をすっかり忘れていてね。借金がこれだけで資産がこれだけあるからプラスマイナスゼロ。ゼロから始まるんだったらいいだろう、みたいな感じだったんです。

でも、やり出したら違うんですよ。借金には金利が付いてくる。ほぼ借金と同額。だから実際はマイナスからのスタートで、借金を返すために学校をやっていたようなもんです」

私立学校の経営者であれば、心当たりのある人も多いのではなかろうか。

「母は宇宙物理（理論系）が専門で、近隣の私立大学で教授の仕事をしていました。対象を宇宙に限らず、抽象的、哲学的思索が得意で、現実的な経営上の仕事、処理は苦手です。父が亡くなった後は従来通り学術的な側面を担当し、さらに学界からの信頼もあることから母は学院長になり、私は父の担当していた経営部門を引き継ぎました」

いかに「親の後を継ぐのが当たり前」と思っていたにしても、借金まみれの経営状況であれば投げ出したくなることもあったに違いない。そのころの亘を支えていたものは何だったのだろうか？

「ＫＣＧの卒業生って本当に優秀なのがいっぱいいるんですよ。そういう人たちの学校を潰すわけにはいかない。それが一番大きかったですね。自分がやるしかない、という男の侠気ですよね」

その後は、サイドビジネスとして骨董品の輸出入をしたほか、東京にソフト会社を設立して、受注案件一つに対してその都度フリープログラマを募って仕上げるという形態のビジネスもしていたという。借金はそのようなサイドビジネスでも返済していった。

亘が経営を担っていたため、靖子はアカデミアや海外へのコンピュータ教育支援活動、海外大学との提携（後述）などのアウトリーチ部門に邁進できたという。

○こんなのは学校と違います

繁雄の死後ＫＣＧの経営を引き継いだときの亘はまだ20代半ば。若き亘のセンスが存分に発揮されたのが、ＫＣＧ京都駅前校の再築である。

１９８０年代後半、バブルに向かう時期。ホイチョイ・プロダクションが映画「私をスキーに連れてって」(2) などを制作して話題になったころである。亘によれば、当時は大学生が時代の最先端を見ていて、新たな文化を創造していたという。

彼にとっては嫌々行っていたはずの高校での経験がここで生きる。

「当時の京都の公立高校はある意味、わが国有数のユートピアだったと思います。私が通った鴨沂高校は、街の中心の四条河原町に一番近い高校で、京都の高校生の流行の最先端を行くようなところ。何が時代の最先端なのかというセンスや価値基準が、自然にできていくような高校でした。そのパラダイムで尊敬する先輩にはジュリーこと沢田研二、森光子や田宮二郎などのスターたちが並んでいましたね。ノーベル賞や学者の話などはなく、極めてポップス・ポピュラーなどの価値尺度です」

さらに、１９８０年代の早稲田大学はサークル文化の中心で、まさに時代の流行を創出する大学の一つであった。

そのような背景もあって「コンピュータと時代の最先端という、２つのセンスについては20代から自信ありましたね」

亘が新校舎の建築を考え始めた当時、建築様式として流行していたのはハイテク建築[3]である。しかし彼は、１９８０年代半ばから六本木あたりで木の床や壁で南国っぽい雰囲気に仕立てたカフェバーに人が集まり出したのを見てハイテクはもう古いと感じ、新校舎は流行に左右されないクラシックで重厚な造りにしたいと考えた。

その一方で地価が急激に上昇し、いわゆるバブル時代に入ったので大胆になった亘は彼なりに将来の相場を読んだ上で、父の借金の上に自分も借金して新校舎を建てる。時代の最先端が見えていたことで銀行の信用も得られたという。今ではまず考えられない話である。

「設計のときから、施工会社の錢高組の幹部たちに『こんなのは学校と違いますよ』って言われました。学校の校舎でここまで意匠を凝らしたのは、たぶん日本で初めてだと思いますね」

ＪＲ京都駅八条西口を出て線路沿いに大阪方向へ歩いていくと、堀川通と八条通の交差点に出る。京都を代表するラーメンチェーン「天下一品」八条口店を左に見ながら堀川通を渡って一つ目の信号を右に入ると、駅前の賑やかさが嘘のような閑静な住宅街になる。と思うのも束の間、ＫＣＧ京都駅前校の本館と、２００５年に完成した新館（ＫＣＧＩ京都駅前サテライト）の威容が目に飛び込んでくる。新幹線で大阪方面に向かうと北側に見えるビルである。

本館の外壁は白亜を基調としつつ、ＪＲの線路に面した側には大きく湾曲したガラス窓とコンクリート打ち放しの柱廊が組み合わされている。中に入ると、タイ産大理石の床が敷き詰められた開放的な空間、正面奥には大階段が2階へ伸びている。タイ王国文部省に中古パソコンを寄贈したお返しとして贈られた大理石である。左右には2階のバルコニーが続いていて、その壁にはワイングラスを模したデザインが描かれている。来訪者を圧するような雰囲気は微塵もなく、むしろ心を込めて歓迎されているような気持ちになる。亘は「京都駅のすぐ横だから、時代の流行を超えて誰に対しても威厳を示せるようなものを造りたいと思ったわけです」と語るが、それだけが理由ではない。

「学生が誇りに思えるような校舎を造るべきだと思ったんです。日本の専修学校に対する偏見はひどいんです。大学に行けばいいとみんな思い込んでいて、専修学校というだけでコンプレックスを持たされてしまうことが多く、卒業したことを言わない人も多いんですよ。ところが、実際に働いているところは、結構いいところで給与もいい。そういう人たちに、とにかく自分の母校に対して誇りを持てるようにと思ったんです」

この校舎は落成年に、施工した錢高組が建築関係の賞で西日本での一位を受賞したとのことである。それまでは学校の校舎というと、側面に梁が出た鉄筋コンクリートに吹き付けの壁、ガラスサッシは大量生産の廉価で画一的な既製品、せいぜい玄関や門扉で差異を付けている程度であったが、その後全国の校舎も意匠を凝らしたものが多く建てられるようになったようだ。

この校舎にはまだまだ驚かされることがあるのだが、それについては後述する。

○初めて真面目に勉強したコロンビア大学教育大学院

ＫＣＧの経営を父から引き継いで10年後、亘は、まだまだ黎明期ではあったがインターネットで仕事ができるようになったことがわかったため、コロンビア大学教育大学院（Teachers College, Columbia University　以下「ＴＣ」）へ入学する。ＴＣを選んだのは、ニューヨークという都会で暮らしてみたかったことと、当時 Times Higher Education（4）の大学ランキングで、ＴＣが教育学の分野で世界第1位だったことだそうだ。

ここから亘の人生は大きく変わり始める。夜はインターネットを通して日本での仕事をこなし、昼は大学で授業を受けたり図書館で調べたりという、非常に多忙な毎日を送る。

「初めて真面目に勉強しました。きつかったですね。歯が上下1本ずつ抜けました。最初はニューヨークに住める、やったぞ！　みたいなつもりで行ったんですけど、授業なんて、何を言ってるかさっぱりわかんないわけですよ。普通の会話の2倍か3倍ぐらいの速度で授業をする。だから、単位時間あたりの情報伝達量も倍以上なんですよ。さらに、前提知識となるアメリカ国内の教育事情を自分は経験していないので、全く知らない。そんなことで授業についていけるわけないじゃないですか」

しかし、ここで幼少期からコンピュータが当たり前にある環境で育ったことが役に立つ。

「教科書を全部スキャンして、カーソルで追いながらパソコンの上で和訳する。自動翻訳以前のころですから、単語にカーソルを置くと日本語訳が表示されるだけといったレベル。それでバーッと読んでいくわけですけど、手でいちいち辞書を引くよりはかなり速い。それでも、ものすごく忙しかったですね。米国トップクラスの社会科学系の大学院では、一学期の一科目につき、教科書は少なくとも3冊、６冊から８冊が普通です。それに加えて読まされる副読本や資料が辞書一冊分くらいあったりします」

さらりと言ってのけるが、時代は１９９０年代半ば。グーグル翻訳などもちろんまだない。それでも要領を得てくると単位も順調に取れるようになり、まずM.A.（= Master of Arts）を最短期間の2学期で取得。次に目指したM.Ed.（= Master of Education）は、学校経営のプロフェッショナルという位置付けの学位であり、一般大学のPh.D.と同等の単位数である。必要とされる単位数の一部は、実務経験でクリアできる。そこで、亘は次の学位も最短期間で、オールAで卒業してやろうと思ったという。

意欲満々で勉学に勤しむ姿が目に浮かぶが、それは単に学習のコツをつかんだからだけではない。亘にしてみれば、とにもかくにも学校の看板を背負って留学しているわけだから、学校の沽券にかかわることはできない、という思いだったという。

「高校時代からだいぶ家が大きくなって有名になってきて、〝ええとこの金持ちのボンボン〟って見られるわけですよ。それはそれで当然なんだけど、だからといって何かやるときにカッコ悪いことはしたくないという思いがある。

少なくとも後ろ指さされるとか、スキャンダルになるとか、そういうことだけは絶対やらないでおこうと思っていました。とにかく学校経営者として誰にも恥ずかしくないように。それはいまだに一番気にかけてるところですね」

亘は日本でコンピュータの学校を経営しているという実績から、コロンビア教育大学院の教育リーダーシップ学科のインターネットによる通信教育課程開設の7人のメンバーにも抜擢されて、指導教授たちとともに、当時黎明期にあったインターネットによる教育、eラーニングに関する様々なノウハウを調査研究して、新規学科の企画をした。このとき得た知識・経験がのちのKCGIの設置認可申請にもつながっていくのである。亘には既に、大学や学校はバーチャル世界に展開していく時代だという確信があったという。また、アリゾナのｅラーニングだけの大学であるフェニックス大学のように、州によっては株式会社立の大学も出現していた時代である。

ここでもう少し、ＴＣのことに触れておこう。アイヴィーリーグ（Ivy League）やスタンフォード、イリノイ大学など、アメリカの伝統的名門大学にはプロフェッショナル・グラデュエイト・スクールとしての「教育」の大学院があり、ＴＣは１８８６年創立の全米最古かつ最大の教育学の大学院である。学科としては亘が在籍した教育リーダーシップ学科のほか、ＴＥＳＯＬ(5)やナースエグゼクティブ（看護師の管理職養成）の学科などがある。教育リーダーシップ学科は教育行政や学校経営の専門家を育成する、国の将来を決する「教育行政」の専門学科である(6)。

１９９９年、亘は晴れてＴＣ教育リーダーシップ学科をオールＡで修了する。一般大学のPh.Dとほぼ同等の単位数取得が必要な教育行政・大学経営の専門学科であり、同学科を修了すると、ニューヨーク州の教育行政官の免許資格が付与される。ここで米国で就職することも考えてみた(7)というが、やはり帰国して己の本分を全うすることにする。

コロンビア大学教育大学院卒業式

コロンビア在学中一番の思い出は何か、聞いてみた。

「勉強したり考えたりするのは、誰かのためじゃなくて自分自身のプライドのためなのだ。プライドがあるとできるが、ないとできない、みたいなことを考えて一人で涙していたのを覚えていますね。夜にコロンビアの校庭でぼーっとお月さん眺めながら2時間ぐらい考えていたのかな。

とにかく授業はきついんです。厳しくてすごいストレスで、大学院なんて嫌だと思うわけです。でも、知れば知るほど知的好奇心が湧き上がってくる。そしてその結果、成績でAを取っていくと『なるほど、頭ぶん回して勉強するというのはこういうことか』とだんだんわかってくる。そしてそれが何のためなのか、考えてみた。すると、別にBとかCとかで卒業して帰ることもできるわけだけど、面子のためにAを取っているうちに、だんだんそれが自己目的化してきた感じですかね。そして、ＫＣＧという学校のメンツのためではなくて、それをしている自分自身のプライドのためなのだと思うに至りました。あれはいい経験でしたね」

その一方で心残りもある。

「ブルーノートのようなジャズ・クラブへ行きたかったのですが、実際に行けたのは2、3回です。今から思うと、勉強なんかしなかったらよかった、ニューヨークの街の奥深い楽しさをもっとたっぷりエンジョイしたらよかったと真面目に後悔してるぐらいです（笑）」

筆者もニューヨークに2年住んでいたのでよくわかるが、メトロポリタン歌劇場もカーネギーホールもブロードウェイのミュージカルシアターも、観光スポットあるいは特別な場所ではなく、ニューヨークに住む人々が普段から当たり前のように行く場所になっている。様々な文化が生活の不可欠な一部になっているのである。亘もそんな空気をもっと吸いたかったのだという。

○大学への対抗意識

1980~90年代初めにかけて日本の18歳人口は増え続け、1992年に約205万人でピークに達した後、急減し始める。これに対して大学入学者数は85年までは40万人を少し超える程度でほぼ横ばいだったが、その後徐々に増え続け、91年に50万人、2000年には60万人を超える。これに伴い、高校卒業者の大学進学率も94年に30%、2002年に40%を超える(8)。もちろん、大学の数も急増する。誰もが大学に行く時代、大学のユニバーサル化の到来である。

そんな時期にKCGの経営を続ける中で、亘はしだいに日本の大学に対して強烈な対抗意識を持つようになる。すなわち、大学入学者が増えることで「行っても意味のない大学が増えてきた」という評価を知り合いの京都大学の関係者などから耳にすることが多くなる。それを聞いた亘は、それなら実際社会的に貢献できる仕事につながるからコンピュータの学校の方が絶対良いはずだ、という自信と誇りを強く持つようになる。

しかし、亘の思いはなかなか社会で受け入れられない。

「やっぱり国の力には勝てないですよ。学生たちは、文部科学省が認可するアカデミア一色の国立の大学や大学院に行きますからね。しかし現実はレジャーランド化された大学の増加です」

○スピンアウト系が集まる学校

では当時ＫＣＧにはどんな学生が集まっていたのだろうか。

亘は、ＫＣＧの学生は「絶対『大学』と名の付くところへ行かなきゃいけない」といった思い込みに囚われない人たちと、経済的な理由で大学進学が困難な人たちが多いのではないか、と分析する。

そして急に、インタビューの録画・録音をしているスタッフのことを話題にし始めた。二人ともＫＣＧのコンピュータ芸術系の卒業生。１９８０～９０年代映画監督になりたいと思ったら日本大学芸術学部、いわゆる日芸を目指したものだが、コンピュータで芸術をやりたいとか、映画を作りたいと考えると、日芸は選ばないのだという。

亘にそうまで言われれば、この二人にも話を聞かないわけにはいかない。一人は２００１年にＫＣＧへ入学し、現在は映像クリエイターとしてフリーランスで活躍しているという。

黒澤元喜「当時僕は本当にいい時代だなって感じている部分がありました。そのときの自分の価値観では、インターネットに触れている人間か、触れてない人間か、の2種類に峻別していました。今みたいにスマートフォンがなかったので、インターネットに触れられるのは、まずパソコンを持っていて、インターネットにつなぐ知識を持っている人。当時、これが結構ハードル高かったんですね。

僕は高校時代にそれに触れて、当時は3Dグラフィックスにすごい興味があったんです。それで3Dグラフィックスを学ぶにはどうしたらいいか、インターネットで情報を調べて、KCGと、一応芸術大学関係の大学も2つ進路として考えたんです。でも、オープンキャンパスでKCGと芸術系大学を比べてみて、学べる環境が全然違うっていうのがわかりました。それでKCGに入り、映像系の学科でホームページの作り方とか芸術関係の知識を学びました」

もう一人は学校の記録映像の撮影などを請け負っている映像関係の会社を起業したという宮本和尚（ミヤモトプロ株式会社 代表取締役）。「子供の時から勉強が本当に嫌いで」という、どこか亘に似た青年。

宮本和尚「僕は四国の香川生まれなんです。祖父が国税局に勤めていた地方の公務員系の家系なので、とにかく勉強しろ、勉強しろって言われました。それがちょっと嫌だなと思って。スポーツだけはできたので、それで商業高校に入りました。

次に大学か専門学校へ行かなきゃってことで、同じ日にオープンキャンパスでＫＣＧの鴨川校（当時）と近所の専門学校に行ったのです。比べてみたらＫＣＧの校舎の方が明るい感じだった。それだけで決めたんです。

コンピュータは小学３年生くらいのときから自宅にあったんです。小学校教諭だった父が、現役時代に竹千代という成績入力ソフトを仕事で使っていたので、コンピュータに触れるのは早かったんです。６年生から通っていた英数塾でアルファベットとローマ字を覚えるために始めたブラインドタッチを習得、その塾で１９９５年にインターネットを知りました。周りの人たちよりパソコンやインターネットのスキルは高かったんですけど、プログラムまではできなかった。

映画をよく見ていたから、パソコンでＣＧとかを使って映像ができるっていうのは高校生のときにわかっていたんです。それで簿記の勉強をしながらＣＧの勉強も独学でやって、コンピュータ技術のことは全部自分で調べて、ＫＣＧに進学し、さらに学びました。今もそれが役に立っています」

奇しくも典型的なKCG卒業生が同席していたのだ。

亘によれば、彼らは「偏差値のいい中学・高校からいい大学へ入れば、いい会社に就職できる」という世間一般の価値観からはみ出た人たちではあるが、決して偏差値的に下ではないという。いわゆるスピンアウト系。彼らはKCGの出版物などもよく読んで、教育の中身を見てくれている。彼らと話していると「わかって来てくれているな」と実感できるという。

だからと言って、そのような学生たちは、KCGの教育におとなしく従うわけでもない。好き勝手に考えて、いろんなことに挑戦する。だからKCG側でもできるだけ選択の幅を広げ、自由に科目が取れるようにしている。選択科目の中には芸術系や哲学系など、およそ通常のコンピュータ専門学校ではお目にかからないような内容のものが目立つ。

父繁雄はKCGで京都大学の教養部と同程度の授業をやりたいと語っていたという。彼は京都大学の音楽研究会でピアノを弾いていた経験もあり、靖子ともどもクラシック音楽好きで、学生に年に4、5回は演奏会を聴かせていたという。

亘もそのような多彩な教育機会を設けることは、学校としての競争優位性につながると考え、経営上も重視しているという。

父と衝突ばかりしていた亘だが、両親が創った学校のDNAのようなものはずっと大事にしていることがわかる。

○社会が必要とする人材を育てる

そんなKCGのDNAとして最も重要なものの一つが、「社会が必要とする人を育てるべき」という発想である。

「父親の時代から、社会でどれほどIT、コンピュータの人材が必要とされているかというのは知っていますからね」

1968年9月7日通商産業省の産業構造審議会は「情報処理および情報処理産業の発展のための施策に関する中間答申」を公表する。その中で情報処理システムの設計、統括を行うシステム・エンジニアとプログラミングを行うプログラマの必要人員について、同年3月の1万7740人に対し、4年後の72年3月には約3倍の5万3840人に増加するとの見通しを示している。しかも、この数字は中間答申から1年も経たない翌69年5月30日に公表した最終答申では9万9200人、68年3月の約5・6倍に膨れ上がっているのである。

通産省は同様の見通しをその後も数年毎に公表し、人材育成施策の強化を文部省など関係省庁にも働きかけるようになる。

亘によると、1980年代前半、任天堂がまだ花札を印刷していたころにKCGの卒業生を大量に採用し、コンピュータ・ゲームの開発・販売を始める。今や世界中誰でも知っているスーパーマリオブラザーズシリーズ(9)などの開発を技術・デザイン面で支えているのはKCGの卒業生だという。

あるいは、かつて南海ホークスの本拠地であった大阪球場の電光掲示板をコンピュータ制御する会社や、阪急電鉄・京阪電鉄の列車システムを制御している会社でもKCGの卒業生が活躍していた。亘は、後者の会社に勤めるある社員(KCG一期生)から、「自分たちの仕事は人間の命にかかわることだ」と言われ、感銘を受けたという。

その一方で、先に触れた京都駅前新校舎の完成直前にバブルが崩壊、その煽りでコンピュータ業界も不況に陥り、学生数が急減する。しかし、そのような経営危機も、学生たちの就職先を安定的に確保することで乗り切ってゆく。

「コンピュータの学校は技術の最先端の動向さえわかっていれば、次にすることがわかるんですよ。アメリカで始まったことやブレイクしたことが、それから数か月から1年遅れて日本に伝わってくる。そこを先取りすると、非常に大きな強みになるのですね」

その一方で先にも少し触れたが、大学に対する世間の評価に亘は悩まされる。大学出でない人たちにとっては、東大もいわゆるFランク(10)の大学も、「大学」という「名称」だけは変わらない。各大学によって教育の内容や質が全く異なることを知らないために、大学と名前さえつけばそちらへ進学させようとする人が増えてきた、と嘆く。

「ＫＣＧの卒業生には、自分の学校や自分の仕事に誇りを持てるようになってほしい。ＩＴ分野の仕事は、時代を支える仕事ですからね。だから、そういう人を育てたい、輩出したい、するべきだというミッションだけで生きてきましたね」

自分のミッションを果たすために、ＫＣＧはこれからも専門学校として教育を続けていくのか？　このままでは袋小路に陥るのではないか？　そんな折に、亘にとって千載一遇のチャンスが訪れるのである。

【注】

（１）１９８０年1月18日付朝刊（大阪本社版）「京都コンピュータ学院　水増し入学20倍」

（２）１９８７年公開。原田知世主演、松任谷由実が主題歌や「恋人がサンタクロース」などの挿入歌を担当し、スキーブームを牽引する大ヒット作となった。

（３）科学技術の発達によって生み出された製品や技術を取り入れた建築様式。例えば鉄骨、ボルト、ナット、配管がむき出しになった外観を有する建物で、パリのポンピドゥー・センターや香港上海銀行・香港本店ビル、お茶の水のセンチュリータワーなどが代表例。

（４）英国の高等教育専門誌。

（５）Teaching English to Speakers of Other Languages の略。英語を母国語としない生徒に英語を教える教授法を専攻する学科。

（６）亘によると、戦後マッカーサーの率いるＧＨＱの下で日本の教育制度や社会の改革を担ったＣＩＥ（Civil Information and Education（民間情報教育局）。連合国総司令部（GHQ/SCAP）幕僚部の部局の一つで、第二次大戦終結後、日本と朝鮮半島で連合国軍が行う教育・宗教・文化財関連の施策を担当した）のメンバーには、コロンビアやハーヴァードなどのこの分野の教授や学位ホルダーが多い。１９４０年8月にはコロンビア大学工学部に海軍予備士官候補生学校（U.S. Naval Reserve Midshipmen's School）が設置されており、ＣＩＥにはこの卒業生もいた。軍事においては火器が一瞬で敵を殺傷する兵器であるのに対して、教育力による教化啓蒙は長期間かけて敵国を改革してしまうことから、アメリカでは教育学分野であると同時に、一種の軍隊学校でもある。ＴＥＳＯＬがいわば「歩兵」養成学校であるのに対して、教育リーダーシップ・教育アドミニストレーションのような教育行政系の学科は「将校」育成の士官学校のようなものである。そこでの符丁（ジャーゴン）では、背広にネクタイ姿のことをバトルスーツ（戦闘服）、大学の校舎のことをウォーシップ（軍艦）と呼ぶ。それらを知らずに入学した亘は大いに驚いたという。

（７）米国やアメリカ教育学の影響の強い国々では、大学院卒の初任給が高額なので、日本で就職する者などいないのだそうだ。それがまた、ＴＣが日本で知られていない原因になっている、と亘は言う。

（８）文部省（当時）学校基本調査による。

（９）１９８５年ファミリーコンピュータゲームとして発売。社会現象と言われるほどの大ブームを巻き起こす。その後任天堂が新しいゲーム機を発売するたびに新作をリリース。２０２３年10月にはニンテンドースイッチ向けの新タイトルも発売されている。

（10）予備校の河合塾は、各大学が個別に実施する試験の難易度を全統模試の16区分偏差値帯（学力偏差値）により評価した、大学受験の難易予想ランキング表を作成しており、偏差値35未満の大学を「ボーダーフリー」（ＢＦ）と称している。そこから派生して、低偏差値大学の呼称としてＦランク（あるいはＦラン）大学という言葉が生まれた。

第3章　ＩＴ分野の専門職大学院第1号

▼大卒生が入学する専修学校

○いつでも学生がコンピュータを使える環境

京都コンピュータ学院（ＫＣＧ）は、開校当初から学生たちにコンピュータを自由に使ってもらう環境を整えることに注力してきた。その結果、開校４年目の１９７２年には早くも東芝製の中型機ながら大型機並みの性能を持つＴＯＳＢＡＣ－３４００をレンタルし、学生の実習用に開放したことについては先に触れた。

その３年後には情報工学科を新設するとともに、日本電信電話公社製の超大型コンピュータＤＩＰＳ－１　ＤＥＭＯＳ－Ｅ２００Ｂを設置する。この機器はＴＳＳ（タイム・シェアリング・システム）⑴を備えており、わが国の教育機関でこのシステムを持つコンピュータが学生の実習用に整備されたのは初めてのこととされている。

その後もＴＳＳを備えた最新機器の導入が進められるが、その一方で当時普及し始めた８ビットマイクロプロセッサを用いて、ごく限られた機能・性能ながら個人の計算やデータ処理を行うことができ、価格的にも手が届くコンピュータが造られるようになった。

８２年、長谷川亘も父繁雄に最初に買ってもらったパソコンが、シャープ製のＭＺ－８０Ｂ⑵だったという。

当時のパソコンの性能は、大型機を使っていた技術者からするとおもちゃのようなもの

1983年 全学生へのパソコンの無料貸出を開始

だったといわれるが、それでもＫＣＧはいち早く８３年東芝製の８ビット機「パソピア」３０００台を特注し、学生全員に無料貸出を開始した。これは世界的にも初めての試みであったといわれる。ＫＣＧに６か月遅れて、米国のカーネギーメロン大学が、コンピュータの専攻の学生に同様の貸与を始めた。

その後コンピュータの小型化がブームとなり、パソコン全盛時代が到来した。亘によれば、これは「高価なメインフレームの大型コンピュータがなくとも、廉価なパソコンを並べるだけでコンピュータの学校に見える時代が来た」ということでもあった。今ではほとんど残っていないが、全国の県庁所在地などに、各地の地名を冠した

「○○コンピュータ学院（○○は地名や固有名詞）」が多数開校したそうだ。パソコンの急速な進化はさらに続き、日本語専用のハードウェアを搭載したＮＥＣの９８００シリーズが一世を風靡するようになると、全国の大学や専門学校に同シリーズの互換機が並んだという(3)。

９０年、日本ＩＢＭがパソコン用のオペレーティング・システムとしてＤＯＳ／Ｖ（ドスヴイ）を発表する。ＤＯＳ／Ｖは、米国のＩＢＭ本社が８４年に発売したパソコン（ＰＣ／ＡＴ）の互換機で稼働させることにより、日本語専用のハードウェアを必要とせずにソフトウェアだけで日本語表示ができる、画期的なシステムだった。これにより多言語をソフトウェアのレベルで処理できるようになり、ＩＢＭ互換機が世界標準になっていく。

ＫＣＧは翌年、全国の教育機関に先駆けてパソコンをこのＩＢＭ互換機へ全面的に移行させるとともに、その翌年（９２年）には学生への無料貸出を始める。

このようなＫＣＧの対応は、コンピュータ業界の進化への即応であったというよりむしろ、自ら国際化と小型化の流れを先導するかのような動きであった。国内の大学や他の専門学校では、まだ日本語専用のハードウェアを使用していた時期である。当時秋葉原では、「ＫＣＧがＮＥＣ９８００を捨ててＤＯＳ／Ｖに転換した、だからＤＯＳ／Ｖの時代になるのだ」と噂されたという。

マイクロソフトがWindows95を発表し、インターネットがブレイクして、パソコンが一家に一台あるのが当たり前の時代になるまで、もう少しである。

○最も優秀なのは中退生

1970~80年代にかけてKCGで教えていた情報系の主要科目は、ハードウェア概論、ソフトウェア概論、アセンブラとFORTRANやCOBOLなどプログラム言語が必修で、PL/1やOR(オペレーションズ・リサーチ)、データベースの設計理論など、高度な科目も多々あった。通信技術はまだ初歩的段階で電話回線を使用するものが主流であったという。

学生たちはそれらの科目を2年学ぶと、良い条件で就職できた。そのおかげで思わぬ事態が発生する。

KCGで最も優秀な学生は、入学1年目の秋に第二種情報処理技術者試験(4)に合格し、翌年春には就職が決まるので、2年目の課程が始まる前に中退するのである。当時は専門学校を卒業しても、企業での初任給は高卒と同額というのが一般的だった。だから中退して早く働いた方が、本人にとっても得だったのである。

亘によると、1980年代情報工学科の学生の国家試験合格率は極めて高く、中退率は多いときで50%程度に達したという。実態は落ちこぼれで中退したのではなく、一種の飛び級のような形で就職しているのだ。

○大学卒業者が続々と入学

ところが、１９８０年代後半からＫＣＧへの入学者に変化が見え始める。それまでは少数であった大学卒業者が続々入ってくるようになったのである。

特に１９９３年鴨川校に芸術情報学科を新設したとき、上智大学卒の社会人が入学してきた。その後京都大学を卒業して間を置かずに入ってきた学生もいたという。

彼らの動向を見るうちに、亘はＫＣＧに「プロフェッショナルスクール」という大学院の機能を果たす側面が出てきた、と感じるようになる。

どういうことか。後にコロンビア大学教育大学院を修了し、Master of Arts、Master of Education を取得した亘は、プロフェッショナル・グラデュエイト・スクール（職業大学院）に対する熱い思いを持つようになったという。

「アメリカの大学院は、全部プロフェッショナルスクールなんです。まず学部でリベラル・アーツを勉強してから、大学院へ行って初めて専門の勉強を始める。

コロンビア大学ティーチャーズ・カレッジも教職員のプロフェッショナルスクールで、例えば公立学校のトップ向け、私立学校のトップ向け、政府関係の教育行政官向けといったコースがある。変わったところだと英語が母語でない人に英語を教える学科や、医師と看護師の中間に位置するエグゼクティブ看護師養成の学科などがある。いずれのコース・学科でも、教員は多くが実務専門家で構成されていて、学術研究だけを目的とするアカデミア系の大学院に対してプライドが高いんですよ。卒業後の生涯賃金も遥かに高額だしね」

日本の大学院にはアメリカ型のプロフェッショナルスクールがないことが問題だと喝破していたのである。自分が目指す分野の実務的な専門教育を受けたいという学生が増えてきているのに、日本の大学院はその需要に応えていないのではないか。

その後1990年代後半の就職氷河期や2001年のニューヨーク同時多発テロなどをきっかけに、大卒者の入学者がさらに増えていくのを見て、亘のプロフェッショナルスクール設立への思いはますます強まっていくのである。

○米国の大学・研究機関との連携

ＫＣＧの創立者長谷川繁雄は、晩年学校経営の傍らハーヴァード（Harvard）大学に遊学し、若い頃に叶わなかった学問に再度挑む。ボストンにアパートを借り、若い学生たちと一緒に文学や哲学の講義を受講したという。さらに驚いたことに、彼はコンピュータのコースもとっていた。

このことが一つのきっかけとなって米国の大学・研究機関との交流やKCG在学生の海外研修が始まった。1989年には、それらの活動の拠点としてボストン校を設置する。そして、インターネット黎明期の先端技術をKCGの教育へ貪欲に取り入れてゆく。

同じ年、KCGは米国ロチェスター工科大学（Rochester Institute of Technology、以下「RIT」）[5]からロバート・B・クッシュナー教授を招聘した。RITはカメラやフィルムの世界的メーカーであるコダック社とともに発展してきた大学で、写真関係や画像処理ではナンバーワンであった。さらにRITは、社会に役立つ学部・学科の創設に意欲的に取り組み、文理融合のIT学科を全米で最初に開設していた。故クッシュナー教授は米軍の記録写真撮影の専門家で、著名なカメラマンでもあった。KCG教員で亘の弟である晶は、RITの学部・大学院卒業であったが、恩師であるクッシュナー教授がマッケンジー筆頭副学長を晶に紹介したことから、マッケンジー副学長と晶の厚い友情のもと、KCGとRITのベンチャープログラムが次々と開発された。

先に触れた芸術情報学科はRIT教授陣の強力なサポートを受けて創設された。また、国際情報処理科では、ＫＣＧで1年間学んだ後、そこで取得した単位を持ってＲＩＴの大学院に編入できるという仕組みが導入された。これは驚くべきことである。なぜなら、日本の制度上高等教育機関と位置付けられていないＫＣＧでの教育内容を、米国の大学側が高等教育レベル（しかも大学院レベル）として認めていることを意味するからである。

専門学校でありながら、海外の大学・大学院と対等な提携関係を広げていったことも、大卒者にとっては大きな魅力であったに違いない。

○ドメイン「kcg.edu」の取得

このような米国の大学・研究機関との連携協力は、思わぬ副産物を生む。１９９５年ＫＣＧはドメイン名として .edu を取得するのである。これは gTLD（generic Top Level Domain）⑹の一つで、８５年最初にこのドメインの登録が認められた高等教育機関は、コロンビア大学、カーネギーメロン大学、カリフォルニア大学バークレー校など6校しかなかった。その後ＭＩＴ、ハーヴァード大学、スタンフォード大学など米国を代表する名門大学が続くわけだが、ＫＣＧは日本の教育機関として初めて .edu を冠するにふさわしい「高等教育機関」として認められたのである。

亘がドメインに目を付けた背景には、幼少期から専門学校の学生たちと付き合ってきたせいで、コンピュータを使えるのはカッコいいことで、時代の最先端なのだという感覚を持っていたことが大きい。インターネットを知ったときにも、即座にピンときたようだ。

「インターネット上の .edu ドメインを取得するということは、インターネットの上に、言い換えるとバーチャルの世界の中に、高等教育機関を創立するということです。つまり、来たるべきネット社会において、高等教育機関を開学したということに等しいから、そのドメインを取得したのです。それに、.edu を持っているというのは、インターネットが始まった一番初めの頃に、その先端に関わっていたことの証明でもあります。日本で最初にそれに気付いた『大学』だということです」

ちなみに、２００1年には .edu の使用が認められるのは米国内の教育機関に限られることとなったため、日本に本拠を置く教育機関で .edu を使える「大学」はＫＣＧのみとなった。そこで０３年、亘は翌年の京都情報大学院大学の開学を見据えて、ＫＣＧ及び関連学校・企業からなるＫＣＧグループの徽章を kcg.edu とすることにし、高度情報化社会において常に先駆性を重視する教育機関としての気概と、時代を切り拓いていく人々を育成する教育の理想を込めたのである。

大学卒業者が続々と入学することに加え海外の大学との提携拡大、そして.eduを取得したことで、亘はKCGが実質的に高等教育機関の中身を備えた学校なのだ、との自信を深めることになる。あとはその中身にふさわしい制度的な裏付けを得るだけである。

▼整う制度・環境

○専修学校制度の創設

1947年に公布・施行された学校教育法において、学校の種類は2つしかなかった。同法第一条に定めるいわゆる「一条校」(7)とそれ以外の「各種学校」である。

長谷川繁雄・靖子が設立したKCGも設立当時は各種学校の一種であった。彼らに限らず、高い志をもって一条校とは異なる形態の教育実践を行っている各種学校や認可を有しない民間教育機関は全国各地にあり、その関係者たちはわが国の学校制度の改善に向けて長年活動を続けている者も多かった。

そのあたりの事情を文部省編集・監修の「学制百二十年史」では、次のように記述している(8)。

「各種学校は、学校教育法では『学校教育に類する教育を行うものは各種学校とする』

という定めがあるのみで、各種学校の制度の積極的な意義・目的についての明確な規定がない上、修業年限、教員資格、教育課程、入学資格等に関する定めがなく、各種の振興策、卒業生の処遇等について適切な措置を講ずることには困難な面があった。このため、各種学校の実態に即した制度の改善を行うことが関係者の多年の要望であった」

１９６７年以降文部省は、各種学校を積極的な意義・目的を有する学校制度として確立すべく、学校教育法の改正を何度も試みたが、成立には至らなかった。しかし、この間にも優れた特色ある各種学校の社会的意義が広く認識されるとともに、一条校に偏った学校制度に対する反省が生じるなど制度改正の機運が高まってきた。

そこで、各種学校のほかに、一定の規模・水準のものを対象とする専修学校制度を新たに創設することを内容とする学校教育法の一部改正案が議員立法により提出され、１９７５年に成立した。そして、関係政省令及び設置基準とともに、翌年１月から施行されることとなった。専修学校制度の誕生である。

新たに設けられた学校教育法第82条の２において、専修学校は「第一条に掲げるもの以外の教育施設で、職業若しくは実際生活に必要な能力を育成し、又は教養の向上を図ることを目的として次の各号に該当する組織的な教育を行うもの」と定義された。そして第82

条の3では、専修学校の種類として、中学校を卒業した程度の学力を有する者を対象として教育を行う高等課程、高等学校を卒業した程度の学力を有する者等を対象として教育を行う専門課程、特に入学資格を問わない一般課程の3種類が定められ、第82条の4及び第83条の2では、高等課程を置く専修学校を高等専修学校、専門課程を置く専修学校を専門学校と称することができることとなった。

これによりKCGも専門学校と位置付けられるようになったのである。

○専門士、高度専門士の称号創設

その一方で、先にも触れたが、専門学校卒業生は企業に採用されても初任給は高卒並みとするところが一般的であった。すなわち専門学校で学んだ知識や技術は、給与を決める際に全く考慮されなかったのであり、別の言い方をすれば、専門学校卒業生の能力を企業は低賃金で使っていたということになる。専門学校関係者にしてみれば全く不当な取り扱いが、専修学校制度創設以降も長らく続いていたのである。

これに対する改善策として1994年に文部省が定めたのが「専修学校の専門課程の修了者に対する専門士の称号の付与に関する規程」(9)である。

第1条で「この規程は、専修学校の専門課程における学習の成果を適切に評価し、一定の専修学校の専門課程の修了者に対し専門士の称号を付与することにより、その修了者の社会的評価の向上を図り、もって生涯学習の振興に資することを目的とする」と定められ、第2条で修業年限2年以上、課程の修了に必要な総授業時間数が1700時間以上などの要件を満たすと文部大臣が認める課程を修了する者は、専門士と称することができることとなった。

この制度は翌95年からスタートし、これにより専門士として採用された専門学校卒業生の初任給は短大卒と同等に扱う動きが広がっていった。

その10年後、すなわち2005年には上記告示が改正[10]され、修業年限4年以上、課程の修了に必要な総授業時数が3400時間以上などの要件を満たすと文部科学大臣が認定した課程を修了する者は、高度専門士と称することができることとなった。これを契機として、高度専門士として採用された者には、大卒と同等の初任給が支給されるようになっていったのである。

○専門職大学院制度の創設

バブル崩壊後のいわゆる平成不況以降、日本経済再生のために様々な制度改革が実施されてきたが、その大きな方向性をざっくり言ってしまえば「既存の制度による制約を撤廃、緩和することにより、新たな取組に挑戦しやすくすれば、経済活動は活性化し、国全体の経済も回復する」といったことであろう。

特に２００１年４月に発足した小泉純一郎政権の下では、「構造改革なくして景気回復なし」をスローガンに、「官から民へ」「中央から地方へ」といったキーワードも掲げながら、「聖域なき構造改革」が進められることになった。

当時マスコミなどでも連日大きく報じられたのは、小泉総理の持論である郵政民営化や、道路四公団などの特殊法人改革であったが、教育分野においても、旧文部省の年間予算の約半分を占めていた義務教育費国庫負担金の廃止など、これまでの教育行政の根幹を揺るがすような議論が行われていた。当時筆者は内閣官房に出向し、正にそのような構造改革を推進する立場にいたが、教育制度は最も融通の利かないものの一つとして各方面から目の敵にされていたと言っても過言ではない状況であった。

京都情報大学院大学（ＫＣＧＩ）設立の直接的な引き金となった制度改正は、これから紹介する専門職大学院制度の創設だが、その前段階ともいうべき制度は、２０００年にスタートした「専門大学院」であった。「専門職大学院」から「職」一文字が抜けていて実にややこしいのだが、大学院設置基準第31条（当時）に「大学院には、高度の専門性を要する職業等に必要な高度の能力を専ら養うことを目的として、特に必要と認められる専攻分野について教育を行う修士課程を置くことができる」などの規定が追加されて制度化されたのである。ただ、実際にこの制度に基づいて発足した大学院は、０２年度までにわずか６つの研究科・専攻にとどまっていた(11)。

その要因について、０２年８月５日に公表された中央教育審議会答申「大学院における高度専門職業人養成について」は、以下のように分析している。

「専門大学院制度は、現行の修士課程の中の一類型として位置付けられているため、その大学院で修得させる職業能力のいかんにかかわらず、標準修業年限は2年とされている。また、従来の大学院修士課程における研究指導、修士論文との関係から、修了要件として特定の課題についての研究の成果の審査に合格することを制度上課し、これについて個別の課題についての研究の実施に対する指導を行うこととしていること、この指導のために相当数の研究指導担当教員の配置を求めていること等、従来の大学院の枠内で制度設計がなされている。このような制度の枠組みが、さらに、様々な分野でその求められる能力に適した高度な専門職業人を養成するための実践的な教育を展開していく上で制約となることも指摘されている」

要するに、専門大学院は従前の大学院制度の延長線上にあるものであり、これからの社会が求めるであろう、高度専門職業人養成のニーズに応えられていないということである。そして、上記答申はこれらの課題を解決すべく、以下のように新たな大学院制度の創設の必要性を提言した。

「今後、国際的、社会的にも活躍する高度専門職業人の養成を質量共に飛躍的に充実させ、大学が社会の期待に応じる人材育成機能を果たしていくため、現行の専門大学院制度を更に発展させ、様々な職業分野の特性に応じた柔軟で実践的な教育を可能にする新たな大学院制度を創設する必要がある。

このような大学院においては、実務者の教員の参画等による実務界との連携・交流により実践的な教育の実現を図るとともに、第三者による評価の導入により変化に応じた柔軟で質の高い教育を保証していくことが求められる」

この答申に基づき、翌03年度に発足したのが専門職大学院であり、専門職大学院が設置する課程を、従来の修士課程と区別して「専門職学位課程」と称することになった。

専門職学位課程が修士課程と異なるのは、主に以下の点である。

・修了要件に論文作成を必須としないこと
・必要とする専任教員の３割以上は実務家教員とすること
・事例研究や現地調査を中心に、双方向・多方向に行われる討論や質疑応答等を授業の基本とすること
・学位は「〇〇修士（専門職）」と称すること
・教育課程や教員組織等の教育研究活動の状況について、文部科学大臣より認証を受けた認証評価団体の評価を5年以内ごとに受審すること

▼苦難の認可申請

○「魅力的な」設置基準

大卒者を多数受け入れ、名前こそ「専門学校」だが、実質的に大学院並みの教育を行っているとの自負を持っていた亘にとって、専門職大学院制度の創設は以下の３つの点で魅力的であった。

第1に、専門職大学院の設置基準が、従来の大学院設置基準とは別に定められたということである。専門大学院は、大学院設置基準の改正という形で創設された。すなわち、先にも触れたが従来の制度の延長線上であり、既存の大学が設置することを想定していた。

専門職大学院設置基準を別に新たに定めたということは、そのような想定がない、つまり現在大学を設置していない者でも専門職大学院を単独で設置できる可能性が開けたということである。

第2に、専攻分野が限定されていなかったことである。先に触れた当時の大学院設置基準第31条第1項には「特に必要と認められる専攻分野について」修士課程を置くことができると規定されていた。これに対し、2002年8月の中教審答申では「既に専門大学院として設置されている経営管理、公衆衛生・医療経営などのほか、法務、知的財産、公共政策（行政）、技術経営などの分野で高度専門職業人養成に特化した大学院が構想されている。更に、将来的にはより広い分野で多様なニーズが増大していくことも想定されることから、専門職大学院の設置の対象は特定の専攻分野のみに限定しないこととする」とされ、新たに定められた専門職大学院設置基準にも反映されたのである。

第3に、施設及び設備等について定めた、専門職大学院設置基準第17条の規定である。

「専門職大学院の施設及び設備その他諸条件は、専門職大学院の目的に照らし十分な教育効果を上げることができると認められるものとする」

これを従来の大学院設置基準の規定に比べると、その差は一目瞭然である。同基準では第19条に「講義室等」、第20条に「機械、器具等」、第21条に「教育研究上必要な資料」として、具体的に備えるべきものが列挙されている（私学経営に携わる人たちの間でこれらの規定は「不動産要件」と呼ばれているそうだ）。これに対し、専門職大学院設置基準では、そのような具体的な例示は全くない。

かつてコロンビア大学でインターネットによる通信教育課程開設の企画メンバーだった亘には、「大学における『不動産要件』は、いずれ雲散霧消していくだろう」という確固たる予測もあった。

「『ここだ！』と思いました。世の中ではまだ法科大学院しか話題にしていなくて、ITの大学院なんて誰も考えてなかった。だから、米国では常識的なプロフェッショナル・グラデュエイト・スクール、しかも一流のものを日本で初めて創って、新しい時代を開いてやろうと思ったんです」

先に触れた「小泉構造改革」の時代、専門職大学院制度に対する亘や大方の私学関係者の理解は、基本的に正しかったと筆者も考える。亘が「魅力」と感じた第１の設置者、第

2の分野に関する理解に違和感はない。

ただ、第3のいわゆる「不動産要件」については、「緩和」はされても「撤廃」されたわけではない。専門職大学院設置基準第17条にいう「十分な教育効果を上げることができると認められる」かどうかは当然審査されるわけである。文科省はもちろんそういう理解であったに違いない。

このような関係者間の解釈の微妙なずれが、実際の認可審査の過程で亘たちに様々な苦難をもたらすことになるのである。

○締切まで2週間

亘は早速、これまで協力関係にあった財界関係者や提携関係にあった米国の教育関係者に自身の構想を打ち明け、いずれも賛同を得た。そして、大学院設置準備委員会を設けて申請書類の作成に取りかかった。

しかし、その時点で申請書類の提出期限までわずか2週間弱しかなかった。準備委員会の実務担当者の多くは20代の教職員であり、大学設置申請などもちろん初めてである。文字通り不眠不休の作業が続く。

そうして2分冊約600ページの申請書類が完成したのは、2003年6月27日未明

2003年 大学院設置の申請書類の作成を終えて

だったという。奇しくもＫＣＧ創立者故長谷川繁雄を偲ぶ学校行事、閑堂忌の日であった(12)。

しかし、この日ばかりは偲ぶ余裕もなく、ただでさえ分厚い申請書類を30部コピーし、いざ文科省へ乗り込んだのだが……。

「1ページ間違っていたら突っ返されるんですよ。『ここと ここ、間違いですね。差し替えてきてください。他にも間違いがあるだろうから、また明日差し替えて持ってきてください』と言われるんですよ。まあやり直せと言われて当然の代物だったんですけど」

受理されるまでそんなやり取りが3度ほどあったという。しかし、大変なのはその先だった。

○四面楚歌

当初亘は、京都大学がＩＴ系の大学院の認可申請を数年前から検討しているらしいとの情報を聞き、おそらく他の大学からも手が挙がるだろうと予測していた。ところが、いざＫＣＧが申請してみると、ＩＴ系の専門職大学院の認可申請は他にないことを知った。しかも、当の京大関係者の一部は抵抗勢力に回り、「民間の専門学校ごときが大学院を作るのはけしからん」「大学院を作るのは大学の役目」と亘たちを批判するようになったという。

亘は文科省の担当者からも「まず短大を作り、次に四年制大学を作って、それを大学院に格上げするのが順序」といった趣旨のことを言われ、

「いや、違うんだ。米国では、大学の学部と大学院が別法人で経営されているのが常識であり、独立経営される college が集まって、複数法人で経営される university を構成している。その常識からすると、大学院大学が単体の独立法人で経営されることこそが常識である、旧来の日本の考え方で捉えないでくれって、やり合いました」

カリキュラムについては、米国の情報系学会ＡＣＭ（Association for Computing Machinery）が策定し、数年毎に更新しているＩＴ系プロフェッショナルスクールの修士

課程のモデルカリキュラムに準拠。そこにＭＩＴのＩＴ系科目の専門家やコロンビア大学の科学技術教育系科目の専門家、さらにカリキュラム設計(13)の専門家なども呼んで作成した、自信作というべきものである。しかし、当時日本でＡＣＭの存在自体がほとんど知られていなかったこともあり、大学設置・学校法人審議会（以下「設置審」）の理解もなかなか得られない。

「ＩＴの現状を知らない人たちからいろいろ突っ込まれましてね。例えば、基礎科目でプログラミングの授業を絶対入れろ、と言われる。プログラミングは確かにＩＴの一分野ですけれども、21世紀になってからは、プログラミングなんて既にごく一部の仕事に過ぎなくなっていたんです。プログラミングができなくてもできるＩＴの仕事がものすごく増えていました。企業のＣＩＯ(14)でしたらプログラミングどころか、システム・エンジニアの知識もほぼいらないぐらいの時代が既に始まっていました。

そこで、そういう時代を踏まえたカリキュラム設計をしたら、伝統的な大型計算機時代から大学内にいらっしゃるような先生方が『これを入れろ』『あれを入れろ』と言ってきた、ということです。

日本の大学は井の中の蛙状態にあると本当に感じましたね。『もう世界はこうなっていますよ』『米国のＩＴ業界はこうなっていますよ』『米国のＩＴ系の大学院はこうなっていますよ』と言っても、彼らには全くわからない、想像もつかないという状態でした」

また、設置審からは「ビジネスの要素が全くない」との指摘もあったため、ＩＴやとりわけＣＩＯとはあまり関係のない伝統的な、経営・経済系科目を拡充する。

さらに設置審の下に置かれた専門職大学院特別審査会の委員２名がＫＣＧに来校し実地調査を行った際にも、専修学校が大学院を設置することに対する懸念が示された。これに対して亘はこれまでの教育実績などをアピールし、米国での高等教育業界の実情を説明することで対抗する。

ＫＣＧ側は実地調査で出された意見に対応すべくさらなる検討を重ね、１４００ページに及ぶ補正申請書類を10月10日に提出した。

○難産の末に

11月21日、設置審は「平成16年度開設予定専門職大学院一覧」を公表した(15)が、その中に「京都情報大学院大学」は見当たらない。ＫＣＧの申請は認可保留とされた。その理由は、カリキュラムが体系的・段階的でないなど、亘たちにとっては誤解に基づくとしか考えられないものであった。

亘が抱いたフラストレーションは大いに理解できる。その一方、当時まだ日本になかったプロフェッショナル・グラデュエイト・スクールの審査を、それに対する知識のない日本のアカデミアの大学関係者が行わざるを得なかったのも事実であり、彼らの苦労にも思いを致す必要はあるだろう。

亘たちはすべての指摘事項に対してなおも丁寧な説明を続け、５００ページに及ぶ再補正申請書類を作成し、12月10日に提出した。そして、同月24日申請に携わった関係者が集まり、大学院開学に向けての不退転の決意を再確認し合ったという。

当時を振り返ってみると、社会的に最も注目されていたのは、新設された法科大学院がどこに設置されるかであり、政治的に最も注目されていたのは、先に触れた「小泉構造改革」の一環として、株式会社が設置する大学が初めて認可されるかどうか、であったのだ。亘たちには気の毒だが、ＩＴ系初の専門職大学院についてはさほど関心を持たれておらず、文科省側もこの時点では他の案件に先駆けて認可の是非を判断できる状況になかったようである。

このような紆余曲折を経て、翌２００４年1月23日の設置審答申で、ついに京都情報大学院大学応用情報技術研究科ウェブビジネス技術専攻を、専門職大学院として開設することが、以下の留意事項付で認められたのである(16)。

・教育課程について、技術の変化に学生が対応できるよう、幅広い基礎的科目の一層の充実に配慮すること

・「経営学特論」等については、科目開設時までに教員を充足すること

○私学の本懐を遂げる

国会で定める法律、行政府である各省庁が定める政省令などの規則には、元々それらを定めるに至った経緯があり、それらを定めることによってどのようなことを目指すかという法の精神というべきものがある。それは「法の趣旨」あるいは「法意」などと呼ばれ、制定された法令は法の趣旨に沿って運用することが国家公務員には求められる。

これに対して、制定された法令を、法の趣旨を知らず字義通りに解釈して、制定者が想定しなかったような事態が発生することも珍しくない。最もわかりやすいのは、刑法などで定められた禁止行為に触れないよう、他の手段を使って実質的にそれを達成しようとする行為（「脱法行為」と呼ばれる）である。中国には「上有政策下有対策」（上に政策あれ

ば下に対策あり)、わが国には「いたちごっこ」という言葉があるが、国による規制を強化する方向で定められる法令に対しては、しばしばその規制を何とかしてすり抜けようとする動きが起こるのが世の常である。

その一方で、専門職大学院制度は従来の規制を緩和する方向で創設された制度である。とりわけ小泉政権以降、教育に限らずどの分野でも、政策の方向性は規制緩和の方向へ傾いていく場合が多くなるのだが、ここでも制定者が想定しなかったような現象は起こる。筆者も経験があるが「ここら辺まではいいだろう」と考えて制定した法令を字義通りに解釈して、想定以上の範囲に緩和が広がる、といったことも実はしばしば起こる。ただ、そのおかげでこれまでできなかったことが可能となり、経済社会の発展に資する新たな動きにつながることもある。

ＫＣＧＩの認可もその一例のように筆者には見える。まずＫＣＧという、長谷川繁雄・靖子・亘の親子２代にわたって常にＩＴの最先端を把握し、社会が求める人材の育成に尽力することで大卒者が続々と集まるに至った、稀有な専門学校があった。

次に、亘自身がコロンビア大学教育大学院で学位を取得することにより「プロフェッショナル・グラデュエイト・スクール」への確固たる学校像を頭に刻み付けただけでなく、当時米国で始まりつつあった「インターネット上のバーチャル大学」を見ることで、未来の大学像もある程度想定していた。

そんな亘だったからこそ、新設された専門職大学院の設置基準を「規制緩和」につながる千載一遇のチャンスと直感し、一世一代の大勝負に打って出たのである。

しかし、ＫＣＧＩの設置認可に至る過程から推測すると、文科省としては、専修学校のみを運営する学校法人が短期大学や四年制大学を飛び越して、いきなり大学院の設置認可申請をしてくる事態までは想定できていなかったように思われる(17)。

これを亘による「誤解」と見る人もいるかもしれないが、これまで触れてきた小泉政権下の世間の空気を思い返すとき、そのような解釈をしたとしても無理はない。亘にしてみれば「教育行政学の理論上、株式会社が設置する大学院まで認めようとしているのに、専修学校が大学院を設置することが認められないわけがない」という思いもあったであろう。

亘によれば、ＫＣＧＩの設立は、文科省の考えが及ばなかった新制度の間隙を突いた「確信的な正面突破」であったということになる。そこから20年余が過ぎた現在、世界中に株式会社立大学はあるし、「不動産要件」など無関係の、ｅラーニングだけで卒業できる大学や高校も数多出現している。当時亘にはこの世界が既に見えていたということになる。

ＫＣＧＩ設立認可に至る話をここまで聞いてきた筆者の頭にふと浮かんだのは、１９４８年3月26日創立の日本私立大学協会が公表した「創立の趣旨」中の一文である。「教育及び学術研究は、最大限の自由と独立の保障のもとに、当事者の自治に基づいて行われるものでなければならず、第三者の権力的介入は厳に禁止されなければならない」

自分たちの学校に関わるあらゆることを自分たちで決定し、責任を持って実行する。ＫＣＧＩの設立は、私学の本懐を遂げた事例として、わが国の私立大学の歴史に刻まれるべきであろう。

【注】

（1）ＣＰＵ（コンピュータの計算処理や制御を行うパーツ）の時間を割り当てることにより、1台のコンピュータを複数のユーザーが同時に利用できるシステム。

（2）１９７８年から発売されたＭＺシリーズの一つ。初代のＭＺ－８０ＫはＫＣＧ資料館所蔵の機器が一般社団法人情報処理学会から情報技術遺産として認定されているほか、重要科学技術史資料（未来技術遺産）にも登録されている。

（3）初代機のPC－9801が発売されたのが1982年、全盛期の87年には日本国内の16ビットパソコン小売店頭販売数で市場の90％を占めるに至る。
（4）通商産業省が1969年に創設した国家試験。
（5）1829年創設。ニューヨーク州ロチェスター市郊外に本部を置く工科系総合大学。工学、コンピュータ科学だけでなく、イメージ科学、写真、芸術の分野でも評価が高い。
（6）インターネットで使われるトップレベルドメインのうち、分野別のトップレベルドメイン。米国政府機関用の .gov や米軍用の .mil などがある。
（7）当時の学校教育法第一条「この法律で、学校とは、小学校、中学校、高等学校、大学、盲学校、聾学校、養護学校及び幼稚園とする。」
（8）第二章　生涯学習　第四節　専修学校制度の創設と発展等　一　専修学校制度の創設と発展。https://www.mext.go.jp/b_menu/hakusho/html/others/detail/1318308.htm
（9）平成6年6月21日文部省告示第84号。
（10）平成17年文部科学省告示第139号。
（11）経営管理分野3（国立2、私立1）、公衆衛生分野2（国立2）、ファイナンス分野1（私立1）。
（12）長谷川繁雄の命日は7月2日。
（13）米国で「カリキュラム設計」（curriculum design）と言えば、それだけで博士号を出せるほどの教育学の一大分野とされる。国内大学にはその専攻は皆無であり、亘によれば、大半の大学ではカリキュラム設計理論のない学科や専攻が乱立されている。
（14）Chief Information Officer（最高情報責任者）。経営戦略に沿った情報戦略やIT投資計画の策定に責任を持つことが多く、情報システム部門の責任者とは独立して設置することが望ましいとされる。
（15）https://warp.ndl.go.jp/info:ndljp/pid/11293659/www.mext.go.jp/b_menu/shingi/daigaku/toushin/03112103.htm

(16) https://warp.ndl.go.jp/info:ndljp/pid/11293659/www.mext.go.jp/b_menu/shingi/daigaku/toushin/04012703.htm

(17) 全くの余談であるが、２００３年当時旧文部省の職員は、長年の懸案であった庁舎建替を控え、丸の内の仮庁舎への引越準備を進めていた。そんな時期であったので、亘を含め設置申請を行っている関係者は、ときには倉庫を兼ねる部屋に案内され、積み上がった他大学の申請書の包みや荷物の間に置かれたテーブルで打合せをしたこともあったという。当時の慌ただしく緊迫した空気が、読者のみなさまに少しでも伝われば幸いである。

第４章　ナンバーワンにしてオンリーワン

〇創立40年の新たな「開学宣言」

晴天に恵まれた２００３年11月１日、国立京都国際会館メインホールにおいて、京都コンピュータ学院（ＫＣＧ）は創立40周年記念式典を華々しく挙行した。会場は海外からの来賓、学会関係者、高校関係者、企業関係者、そして全国で活躍するＫＣＧの校友に現役の学生たちであふれている。ステージ上手端には故長谷川繁雄初代学院長の遺影がじっと会場を見つめている。

ファンファーレが鳴り響く中、マルチメディアを駆使したＣＧが、荘厳で先鋭的、劇的な雰囲気を創り上げる。

式典は長谷川靖子学院長による、40年を振り返る式辞から始まる。これまでであれば、その後に来賓祝辞や記念講演が続くのだが、今回だけは違っていた。学院長の式辞の後に、長谷川亘統括理事より、前章で触れた京都情報大学院大学（ＫＣＧＩ）の認可申請に関する報告が行われたのである。

この時点では、もちろんまだ設置認可はされていない。しかし、このときの亘の言葉は、既に認可されることを前提にした、将来への決意と自信に満ちていた。

「ある分野の最初の大学の開学とは、単に一つの大学が誕生したという事実に留まらず、まさしく新しい分野が切り拓かれたという社会的な意義を有します」
「その成否は、当該分野、ひいてはその国の命運を左右しかねないともいえるでしょう」
「私どもは、IT分野における最初で唯一の前例として、最上のモデル校になるべき責任を自覚し、認可第1号のIT専門職大学院として、これを厳粛に受け止め、その誕生から発展の未来を担いたいと存じます」

この演説の意図はどこにあったのだろうか？

「大学は認可されて大学になるのではなく、教師と学生が組合（Union）であるUniversityを創出して、それを王様や教会が後から追認してきたものです。この時点では、日本で大学認可を得られなかったら、アメリカで認可取得するつもりでした。アメリカのユタやアリゾナでは、株式会社でも大学を開設できます。もちろん、コロンビア大学時代の友人たちの中にも、恩師の中にも、そういったことの専門家がたくさんいますから、助けてもらうことも簡単だし」

亘は、先人たちが大学を創ってきた歴史に思いを致しながら、言葉の本来の意味でKC

GIの「開学」を宣言するとともに、No.1 & the Only One の新大学として育ててゆくことを高らかに表明したのであった。

そして、奇しくもKCGとKCGIの創立年がちょうど40年違いとなったことで、KCGグループは、同じタイミングで双方の歩みを振り返りながらともに発展してゆくという、相乗効果が自ずと生まれる仕組みが出来上がったのである。

○発足当初のカリキュラム

２００４年4月、正式に開学したKCGIは「社会のニーズに応え、時代を担い、次代をリードする高度な実践能力と創造性を持った応用情報技術専門家を育成する」ことを建学の理念として掲げ、応用情報技術研究科ウェブビジネス技術専攻を設置。定員は1学年80名（総数１６０名）である。以下、当時の入学案内などの資料を元に、発足当初のカリキュラムを概観してみる。

まず触れておかねばならないのは教育目標である。ITの急速な発展により、企業は従来型の経営から脱し、ウェブベースの eビジネス形態への短期間での移行が必要となっており、そのような変革を推進できる以下のような人材の育成を目標に据えたのである。

・ＣＩＯ（最高情報統括責任者）
・内部コンサルタント／上級スタッフ
・システム統合コンサルタント
・ｅコマース専門家

この分類は前章でも触れたＡＣＭ（Association for Computing Machinery）が制定した標準カリキュラムに準拠している。いずれも情報系・経営系といった二つ以上の専門領域にわたる高度専門職業人である。

次に、彼らに求められるスキルとして、以下のものが挙げられている。

①情報分野の基礎的な素養
②最先端のＩＴ（ウェブ技術等）とその応用についての十分な知識
③企業経営・組織運営についての十分な理解
④以上に基づいてプロジェクトを着実に遂行する能力

要するに、ＩＴ分野の高度専門職業人となるために必要となるスキルを履修できるようなカリキュラム構成になっているのである。

学生たちは、まず第１学期にウェブビジネス分野の高度専門職業人になるために必須の２科目、「ウェブビジネス概論」「リーダーシップセオリー」を履修する。２年間のカリキュラムの中で、必修科目はこれだけである。

その後はＩＴコア科目群、ウェブビジネスコア科目群、キャリア強化科目群の中から、将来の希望やバックグラウンドに応じて、選択または選択必修科目を履修する。

ＩＴコア科目群は、システム設計／データベース、ウェブ・ネットワーク、プログラミング等、ウェブビジネスを支える基幹技術を深く体系的に修得するための基本科目と、「情報セキュリティ」「ネットワーク最適化論」「プログラミング言語特論」「ソフトウェア工学特論」「システム理論特論」などの理論系の応用科目で構成される。

ウェブビジネスコア科目群は、経営の専門知識とウェブビジネスに関する多様な５つのグループ、すなわち①ビジネス戦略、②経営環境、③経営管理、④プロジェクトマネジメント、⑤企業内教育から構成される。リーダーとなる人材を育成するために、経営学系の科目のほか、企業内教育の観点から、教育学の知見を取り入れた科目が用意されている。

キャリア強化科目群は、専門職大学院であるＫＣＧＩ特有の科目群と銘打たれている。プロジェクトを企画、遂行する能力を育成する実践的な科目群であり、プロジェクト遂行課程において、高い技術力をベースに持った、複眼視的な思考力、柔軟かつ適確な判断力、リーダーシップ等を統合した、創造性のある人材育成を目指す。米国のプロフェッショナルスクールにおける、臨床プロジェクト（Clinical Project）科目に該当し、従来の研究型大学院の修士論文と同じ意義を有するとしており、「データウェアハウスと知識管理」「ウェブ型企業資源計画（Enterprise Resource Planning、ERP）」「ウェブ型サプライチェーン管理（Supply Chain Management、SCM）」「ウェブ型顧客管理手法（Customer Relationship Management、CRM）」の4科目の中から1科目を選択する。各科目は講義と課程修了プロジェクトから構成され、後者を修了するためには、①論文作成または②ビジネスモデル構築プロジェクト・システム開発等のいずれかの課題を提出し、口頭試問に合格しなければならない。コロンビア大学教育大学院で大学経営やカリキュラム設計を学んできた亘の夢と思いの詰まった科目群と言っていいだろう。

全体的には選択の幅の広い、柔軟なカリキュラムではあるが、最初に紹介した教育目標の人材のタイプに応じた履修モデルも示されており、例えばＣＩＯを目指すケースでは、ＩＴコア科目群から7科目、ウェブビジネスコア科目群から8科目、キャリア強化科目群から「データウェアハウスと知識管理」を履修するパターンが示されている。

○多彩な教授陣

ＫＣＧは１９８０年代末以降海外の大学等との連携を広げていったことは先に触れたが、それに伴い教授陣の顔触れも多彩になってゆく。国内外の大学研究者、実務家出身者などが集まるようになってきたのである。

ＫＣＧＩ開学当初の教授陣も、その傾向をしっかり引き継いでいる。

まず学長・研究科長には、京都大学名誉教授で社団法人情報処理学会会長、ＫＣＧの情報学研究所所長を務めるなど、ＫＣＧの発展にも深く関わってきた萩原宏、専攻主任には、データベース分野の専門家で前年度までＫＣＧ洛北校校長を務めた寺下陽一(1)がそれぞれ就任する。

亘自身が必修科目の一つである「リーダーシップセオリー」を担当するほか、もう一つの必修科目「ウェブビジネス概論」は、韓国出身で京都大学において工学博士を取得し、サムスンの初代ＣＩＯに着任して、韓国のＩＴ企業の取締役も務めた高弘昇と大阪大学大学院教授の薦田憲久が担当する。高弘昇は、韓国済州島の出身で、ＫＣＧＩ開学直後より韓国の国立済州大学校との友好関係が始まっていく。韓国ではわが国の旧七帝大のような、国立トップクラスの大学が八校あり、済州大学校はその一つである(2)。

その他の科目を担当する教員では、ＲＩＴなど海外の大学で情報学、経営学、教育学な

2010年 韓国・国立済州大学校との調印式

どに精通した専門家、富士通など大企業でIT戦略を立案実行してきた実務家などが名を連ねる。

ＫＣＧＩでの教育が軌道に乗ってくると、教授陣はさらに多彩になっていくのだが、それについてはのちに触れる。

○充実した教育環境・サポート体制

世界的に先駆けて、学生に１人１台のパソコンを無料貸出したＫＣＧ。その伝統を受け継ぐＫＣＧＩの教育環境も、ラーナーオリエンテッド（学ぶ側中心）の思想が貫かれている。

校舎はＫＣＧ百万遍校を改装して活用。男子の全国高校駅伝や都道府県対抗全国女子駅伝で、ランナーたちは東大路通を北上し、京都大学の間を走った後、百万遍の交差点で東に右折し銀閣寺道交差点を目指すのだが、交差点から東大路通をそのまま北上すると、わずか１分程度でＫＣＧＩの百万遍校舎に至る(3)。

校内には、まるでパンデミックのような非常事態に対応することをも想定しているかのように、教育・研究用のネットワーク設備を重点的に整備し、学生が自宅などから授業などの教材にアクセスできるようにしたほか、授業形態も対面授業とｅラーニングの混合を開学当初から積極的に進めた。

また、図書館については、ＡＣＭの電子図書館に加入することにより、30種類以上の学術雑誌へフルテキストでアクセスできるようにした。専門職大学院設置基準では要件に含まれていなかったとはいえ、その必要性を認識していなかったわけではなく、むしろ書籍・雑誌といった紙資料の電子化を見据えた、時代に先駆けた取組と言ってよい。

さらに、専任教員1人につき学生は10人以下に設定され、講師・助手なども含めると教授陣と学生とは密接な関係を築くことができる。学生は指導教員から履修指導などを受けることができるだけでなく、専任教員には原則として「コンタクトアワー」を設けることが義務付けられ、学生たちは研究室などで教員と面談できる。これも、近年関心が高まっている学修支援(4)を先取りするサービスである。

2004年 大学院開学時の校舎

文科系出身者に対しては、課程修了に必要な単位数にはカウントされないものの、情報系の基礎的な知識を補うための「情報系ブリッジコース」まで用意されている。

このような充実した教育環境の中で2年の修業年限を全うし、キャリア強化科目6単位を含む44単位以上を修得し、キャリア強化科目群のうち1科目を修了すると、情報技術修士（専門職）（Master of Science in Information Technology）が授与される。これこそ、わが国におけるＩＴ応用分野唯一の修士号という意味で、ターミナルディグリー[5]と呼ぶべきものである。

○開学記念式典

２００４年６月４日、ＫＣＧ京都駅前校６階ホールでＫＣＧＩの開学記念式典が行われ、続いてリーガロイヤルホテル京都の朱雀の間で開学記念パーティが開かれた。

開会の挨拶に続いて、開学記念スピーチを行ったのは、ＫＣＧ発足当初から一貫して支援・協力を惜しまず、ＫＣＧＩの認可申請時も強力な後ろ盾として支え続けてきた株式会社堀場製作所会長の堀場雅夫であった。開学に至るまでの亘の辛苦と、開学にかける不屈の意志をユーモアたっぷりに紹介し、こう続けた。

堀場「しかし、難産であればあるほど、生まれてきたものは素晴らしいものになるでしょう。これこそが日本の高等教育だといえる大学院大学に仕上げていこうではありませんか」

亘にとってこれ以上の激励の言葉はないであろう。

続いてＫＣＧと深い交流関係を有する早稲田大学の理事高木直二が乾杯の音頭を取る。会場には京都府・京都市の関係者、国内外の大学関係者、企業からの来賓、ＫＣＧが支援しているアジア・アフリカ諸国の大使などの代表者に加え、第一期生たちも参加し、教授陣や企業関係者との交流が早速始まる。

2004年 大学院開学記念パーティー

会場内に設置された3つのスクリーンには、KCGIをバックアップする海外の大学関係者からのメッセージが次々と映し出される。特に会場の注目を集めたのは、イリノイ大学の教授陣からのメッセージの合間に披露された映像であった。KCGとイリノイ大学アーバナ・シャンペーン校との共同プロジェクト「Hummingbird」の研究成果である。これはKCGからイリノイ大学客員研究員として派遣されていた亘の妹の由と、イリノイ大学の研究者たちによる合同研究であり、学界では世界初の業績として絶賛された。イリノイ大学のオプティカル・モーション・トラッキングシステムの中で踊るダンサーの動きが、専用のミドルウェアによってスケルトン化され、インターネットを経由して2700キロ余り離れたロサンゼルスにリアルタイムで送られ、ＣＧアニメ化した妖精のイメージとなって、会場にいる生身のダンサーの踊りとシンクロするというもの。ＫＣＧグループの教育実践の成果を披露するとともに、これからＫＣＧＩで始まる教育の方向性を参加者に強く印象付けるものであった。

パーティ終盤には、来賓からの発案で、第一期生が飛び入りでステージに上がり、参加者から拍手で激励を受ける場面も見られた。

盛況のうちにパーティは終わる。しかし、ＫＣＧＩはまだスタートしたばかりである。

○留学生効果

わが国初のＩＴ専門職大学院。その第一期生ともなれば、さぞかしＩＴセンス抜群の若者たちが集まったであろうと想像するが、少し違ったらしい。

亘によると、私立大学の文系学部卒で就職できなかった者や修士という学歴目当てに入ってきたような者も少なからずいたという。世界でＩＴが必要とされているのは感覚としてわかっているが、現実的な深みが全くないので、何をしていいかすらわからない。そんな若者たちの中で「多少はセンスのある学生が寄ってきたという感じだった」と振り返る。

しかし、そのような理数系の知識がない学生たちに合わせたＩＴ教育のノウハウは、専門学校時代から十分蓄積している。それが大学院発足当初の教育にも大いに活かされ、修了生たちはみなＩＴ系企業もしくは政府や企業のＩＴ担当職へ就職していったという。

学生の質が期待するレベルに近付き始めたのは、留学生を多数受け入れ出してからだと亘は振り返る。

「当時中国には非常に興味を持っていて、２００２年に新しくなった天津科技大学(6)の魏大鵬学長と友達になって、意気投合したんです。ちょうど同い年ぐらいで、フランスで学位を取って帰ってきた方です。彼の大学を発展させるために協力しているうちに他の大学からも顧問で呼ばれたり、講演に行ったりして、その中で気に入った人とも仲が良くなっていったんです。

食事中にアイデアを出し合って、いろんな交流プログラムをやる。それがうまくいったら、先方の大学と合弁の学科を作るんです。すると先方は『日本に留学できる学科だよ』『日本から先生が来て、アニメとかを教えるんだよ』って言って学生募集するわけですよ。それだけで学生がワーッと寄ってくるんです」

天津科技大学は1999年ＫＣＧと姉妹校提携を締結し、両校の合弁プログラムが既に設置されていた。その実績を踏まえ06年にはＫＣＧＩとも学術交流協定を締結。08年には、ＫＣＧがカリキュラム設計と教材提供を行って、同大学に中国最初の自動車制御学科を設置している。

現在100校を超える中国の大学との間で同様の交流を行っているほか、韓国で情報セキュリティ分野の専門家を育成するトップクラスの大学院である、高麗大学校情報保護大学院などとも教育・研究面の交流を行っている。チェコやイタリアの大学との交流もある。亘は、最初期に中国からやってきた留学生たちのことが強く印象に残っているという。

「彼らは目を輝かせて勉強していましたからね。卒業したら中国のトップクラスのソフト会社や日本の富士通の本社などに採用されました」

2023年度現在15の国・地域から留学生が在学している。彼らが日本人学生たちに大きな刺激を与えているであろうことは想像に難くない。

○「英語モード」での講義

留学生の受入拡大との関連で、もう一つ触れておかねばならないことがある。それは、「英語モード」の講義である。

２００６年度に多少は日本語がわかるものの主に英語で学修する学生が数名入学した。元々英語で受講可能な科目も複数あり、課程修了プロジェクトなども英語での指導が可能な環境にはなっていたのである。

その10年後の１６年度には正式に「英語モード」と称し、英語による講義のみを受講することで課程修了、修士の学位を取得できるようにした。これはもちろん海外の留学生向けでもあるが、日本人の学生にとってもメリットは小さくない。なぜなら、ＩＴの最新技術の多くは海外からもたらされ、その情報はほとんど英語で書かれている。海外では英語を公用語とする技術者が圧倒的に多いからである。外資系のＩＴ関連企業への就職を目指す日本人学生にとっては、うってつけのプログラムになっているのである。

日本の四年制大学では、まだまだ英語だけで受講・修了できる課程は少ない中、ＫＣＧＩでは大学院レベルで既に英語オンリーのコースを定着させているのである。

○社会人学生でも学びやすい環境の整備

開学当初の授業時間は、９時00分～10時30分の１時限から16時20分～17時50分の５時限までであった。しかし、社会人の入学が増えてくると、彼らにも学びやすい環境の整備が求められるようになる。

そこで、２００６年度より平日の６時限・７時限（18時30分～21時40分）や土曜日（９時30分～18時20分）に開講する科目、先に触れたｅラーニングを活用したオンデマンド方式でも受講できる科目もさらに充実させる。

また、長期履修学生制度として、あらかじめ申請することで、２年分の学費で最大４年まで修業年限を延長できるようにしたほか、学びたい科目だけを履修できる科目等履修制度も開学当初より設けた。

これに先立つ０５年には、ＫＣＧ京都駅前校本館の隣に新館が完成する。亘が凝りに凝った本館に比べれば意匠もシンプルでこじんまりしているが、この建物はＫＣＧＩの京都駅前サテライトとしての役割も担うことになる。

ＪＲ京都駅から徒歩数分で行けるこのサテライトは、社会人学生にとっては百万遍キャンパスよりはるかに便利であることは言うまでもない。

１２年には札幌と東京にもサテライトを開設、出張の合間を縫って受講することも可能になった。

○カリキュラムの充実

３つの科目群に属する32科目でスタートしたウェブビジネス技術専攻は、少しずつ着実にカリキュラムを充実させてゆく。

２００６年には「ウェブビジネス技術コース」「ウェブシステム開発コース」を設置、１１年には「アニメビジネスコース」を設置（翌年「コンテンツビジネスコース」に名称変更）、１６年には「ウェブビジネス技術コース」を「ビジネスＩＴコース」に、「ウェブシステム開発コース」を「システム開発コース」にそれぞれ名称変更し、「次世代産業コース」を設置、１７年には「メディアコラボレーションコース」を設置し、５コース体制となる。

１８年には新カリキュラムに移行し、「コース」から「コンセントレーション」と「産業分野」に変更する。そして、２０年には「コンセントレーション」を「専門分野」へ名称変更する。

最新の大学案内（２０２４年版）では次の8つの専門分野が示され、各分野にコースパスウェイ（推奨履修パターン）が紹介されている。

人工知能、データサイエンス、ウェブシステム開発、ネットワーク管理、グローバル・アントレプレナーシップ、ＥＲＰ（Enterprise Resource Planning）、ＩＴマンガ・アニメ、観光ＩＴ

コース拡充に併せて科目も増加し、最新の大学案内では「専門分野科目群」「産業科目群」「共通選択科目群」「必修科目」の４つのグループで２００を超える科目が用意されている。そのほか、ビスポーク（Bespoke）カリキュラムとして、個別の専門分野や産業を超えて、自分で自由に科目を選択し、幅広い知識と応用分野にわたるオリジナルなカリキュラムを構成することも可能になっている。既存の概念を超えたところから新たな技術やソリューションを登場させてきたＩＴ・コンピュータ分野の発展の歴史を踏まえ、学生たちに新しい分野の新しい仕事を自ら創造する可能性を追求できるようなカリキュラムも用意しているのである。

○おもろい人間を集める

科目の増加に伴って、教授陣のさらなる拡充も必要になるが、そこにも亘独特のポリシーがある。

「何もないところに何か作り出す人間っているんですよね。そういうのは一発でわかります。そんな人としゃべっていたら楽しいじゃないですか。そういう人と割と仲良くなるんですよね。

お互い利害はあるんでしょうけど、とりあえず置いといて、まず飲んで騒いで、おもろかったら付き合う。そういう形で関係を作った方が長続きすると思いますね。

実務家でも、企業で活躍してきた経験の中から言いたいことがいっぱいある人っているんですね。その言いたいことが、こっちも『それはわかるよ』みたいに共感できる人は採用しますね」

クリプトン・フューチャー・メディア株式会社を設立し、「初音ミク」を創出して新たな音楽ジャンルを切り拓いた伊藤博之とは、ＩＴ業界団体の関連で知り合う。

「お互いにものすごく理解できるところがあって。会うと、お互いに尊敬する話ばっかり出てくるんです。それで新しいことを知るんですよ」

株式会社ガイナックスの設立に携わり、「ふしぎの海のナディア」「天元突破グレンラガン」などのアニメや「新世紀エヴァンゲリオン～鋼鉄のガールフレンド」「トップをねらえ２」などのゲームを手掛けた武田康廣とは、子供同士が同じ学校に通っていたことで知り合う。

そんな亘流リクルートの最高傑作と言えるのが、ニッツァ・メラスであろう。カナダ・モントリオール生まれのシンガーソングライターで、オペラやロックを取り入れた新しいサーカスで世界的人気を誇るエンターテインメント集団「シルク・ドゥ・ソレイユ」のトップ歌手(7)である。レコード会社に属さず、作詞作曲・演奏に加え、グラフィックデザイン、プロモーション、販売まですべてこなす。亘は、彼女がメジャー・デビューする前から友人として親しくしていたそうだ。

大学案内に掲載されたインタビューでは彼女は次のように語っている。

メラス「芸術の世界とＩＴは密接に繋がっています。クリエイティブなビジョンがすばらしい技術と融合するとき、観客をまた別の次元へ引き込みます。だから最先端技術の第一線にあり、同時に創造性と目を見張る速さで進化する広範なコンピュータ分野の知識を修得する環境がある教育機関に私が携わっているのは自然なことなのです」

彼女が担当する「舞台芸術とＩＴ」は、知識として学んだことを実践する絶好の場となっている。例えば、ＫＣＧグループの節目の式典には必ず彼女を中心としたパフォーマンスが披露されるほか、「ＭＵΣＡプロジェクト」[8]では彼女の歌を学生たちが企画、演出、映像制作などを通じて一つの舞台作品に仕上げていく。これも21世紀に必要なＩＴ教育なのである。

○「日本一」の大学に

開学当初入学定員80名、総定員１６０名でスタートしたＫＣＧＩは、社会が求めるＩＴ人材を着実に輩出していくことで、次第に学生・社会人から注目されるようになる。これにＫＣＧＩも応えるべく、定員を徐々に増やすとともに、サテライト・キャンパスの設置など、学生が学びやすい環境の整備を継続する。

その結果が思わぬ形で評価される。週刊東洋経済２０１２年10月27日号の特集「本当に強い大学２０１２」において、「成長度トップ30」の堂々第1位にランクされたのである[9]。このランキングは、収入の伸び率と教育関連支出（人件費＋教育研究経費）の伸び率（07年度に比べた11年度の伸び率）の二つの軸をミックスして評価したもので、KCGIは収入伸び率で134・5％、支出伸び率102・4％という驚異的な数値を残した。この数値は、トップ30の中でそれぞれ2位、1位に当たり、総合評価で見事1位になったということである。

収入及び教育関連支出を大幅に増やしたことが、大学院としての事業を大幅に成長させたと評価されたわけである。これは亘にとって大きな励みであり、13年のKCGI創立10周年記念式典における式辞でも誇らしく紹介している。

○百万遍キャンパス新校舎の完成

その後もKCGIは定員を増やし続け、特に2017年以降、コロナ禍期間中も含め、ほぼ毎年増員を続ける。

こうして膨れ上がっていく学生たちの多様なニーズに応えるため、KCGIは百万遍キャンパスの北隣の旧左京保健センター跡地を京都市から購入。そこに22年夏完成させたのが、百万遍キャンパスの新校舎である。

地上4階、地下1階。延べ床面積約4800㎡。最大200名を収容できる大講義室は授業のほかにも講演会、コンサート、演劇や映画鑑賞など、様々な目的で利用できる。ハイフレックス（Hybrid-Flexible）仕様教室は、グループワークやプレゼンテーションなど、学生が主体となり授業に参加するアクティブラーニングによる能動的な学習に適している ほか、対面とオンラインを組み合わせたハイブリッド授業にも対応できるように設計されている。

イノベーションルームでは、異なる分野の学生や教員が出会ったり、産学官連携プログラムなど学生と社会人が協働したりする場として設計されている。ハイフレックス仕様教室とイノベーションルームで面白いのは、教室内の壁全体がホワイトボードになっていて、アイデアボードなどとしても使えることである。

このほか個人用ワークブース、実習室、約1万冊の蔵書を有するライブラリーなどが備わっている。

４階には小規模ながらカウンターとテーブルを備えたパーティ・スペースもあり、教職員や学生たちがくつろいで交流できるようになっている。少々大げさかもしれないが、ここでビールを飲みながら歓談していると、米国のプロフェッショナル・グラデュエイト・スクールにいるような気分になる。

２０２３年度入学定員７００名（総定員１３００名）に達し、翌２４年度には８８０名に増員される予定のＫＣＧＩにふさわしい、充実した校舎と言えるだろう。

【注】

（1）アメリカ・アイオワ大学で、理学博士号取得。その後、ペンシルバニア州立大学で教職に従事。帰国後は、金沢工業大学で情報処理学部の創設に尽力し同学部長として勤務。定年前に、ＫＣＧに転籍。

（2）２０２４年2月5日、亘は国立済州大学校より名誉博士号を授与された。ＫＣＧＩは２００６年9月に、高教授の尽力により、同大学とＩＣＴ分野の教育・研究や相互の人的交流などを目的とした学術交流協定を結び、０８年9月にはインターネット上で双方の学生が受講できる日韓サイバーキャンパス構築への合意書も交わしている。当時まだ珍しかったポリコムによるインターネット動画通信で、両校の学生が参加して通訳付きの遠隔合同授業の実証実験を行った。その後も、同大学とは良好な関係が継続しており、今後は互いに協力してさらなるグローバル化を進めていくことが合意されているという。

韓国トップの八国立大学の一校から日本人に名誉博士号が授与されるのは珍しい。１９５２年の同大学創立以来第43号の名誉工学博士号であるという。

（3）現在の校舎は２０２２年に新築されたもの。「百万遍キャンパス新校舎の誕生」参照。

（4）大学設置基準において大学での学びは「学修」と表現されている。これは、大学での学びの本質は、講義、演習、実験、実習、実技等の授業時間とともに、授業のための事前の準備、事後の展開などの主体的な学びに要する時間を内在した「単位制」により形成されていることによる。２０１２年8月24日中教審答申「新たな未来を築くための大学教育の質的転換に向けて」においては、学士課程教育の質的転換への方策の一つとして、学修支援環境の整備が指摘されている。

（5）特定分野において取得しうる最高学位。

（6）１９５８年創立。当時の校名は華北軽工業学院。２００２年に現在の校名となる。製紙、発酵食品、軽工業機械などの分野に強みを有する。

（7）シルク・ドゥ・ソレイユのリードボーカリストに抜擢されている。自らが作詞作曲したオリジナル楽曲をショーで演奏した唯一の歌手である。

（8）ＫＣＧグループ創立50周年を記念してリリースしたニッツァ・メラスのアルバム。「ＭＵΣＡ」は「ミューズ（音楽や詩の女神）」を表す。

（9）同誌93～94頁。

第5章　コンピュータは「文化」である

京都コンピュータ学院（ＫＣＧ）や京都情報大学院大学（ＫＣＧＩ）の歩みをたどってゆくと、しばしば「文化」という言葉に遭遇する。遡れば長谷川繁雄・靖子が立ち上げた私塾の名称は「和歌山文化研究会」（傍線筆者）であったし、２００３年のＫＣＧ創立40周年記念式典で、長谷川靖子学院長は式辞で次のような発言を残している。

靖子「私たちは、コンピュータのもつ特性から、コンピュータを研究用・ビジネス用のスペシャルな道具としてではなく、『文化』として早くから捉えていました」

コンピュータを文化と捉える発想が、ＫＣＧやＫＣＧＩの教育カリキュラムに反映されているのはもちろんだが、実はＫＣＧが教育と並行して行ってきた様々な社会貢献活動にも直結している。一見寄り道のようだが、ＫＣＧＩの物語を締めくくる前に、ＫＣＧグループが担ってきたユニークな活動の数々にも触れないわけにはいかない。

○海外コンピュータ教育支援活動
（International Development of Computer Education、ＩＤＣＥ）

ＫＣＧがコンピュータを文化と捉える発想から、１９８３年に東芝製の８ビットパソコン、「パソピア」を３０００台購入し、学生全員に無償貸与したことは既に紹介した。その数年後、モデルが変わり、不要となったパソコン３０００台が残された。海外コンピュータ教育支援活動は、この３０００台を途上国に寄贈して、途上国のコンピュータリテラシーの教育普及を図り、もってワールドワイドなコンピュータ文化の普及を意図したものである。

海外コンピュータ教育支援活動[1]およびコンピュータ博物館についてはこれまでに少々言及してきたが、これらすべては、ＫＣＧ・ＫＣＧＩを通じて、踏襲されて来た「コンピュータは文化である」という信念を源としている。

亘によれば、コンピュータ文化の成熟は、途上国も含めた、ワールドワイドの一般社会人のリテラシーとしてのコンピュータ技術の普及こそが前提とされる。発展途上国も含めたコンピュータリテラシーの裾野の広がりこそ肝要で、かくて初めてコンピュータ文化が成熟するのである。

ＫＣＧの海外コンピュータ教育支援は、この思想に基づき、学院の基本精神「文化への貢献」において実施されてきたボランタリー活動であり、続いて述べるＫＣＧでの使用済みコンピュータの保存による、コンピュータ博物館構想もコンピュータが単なる技術を超えて文化になるという信念に基づき、同じく「文化への貢献」という理念において維持されてきたのである。

さて、これらアウトリーチの仕事の全容は別途出版を予定しているそうだ（概略は注（2）参照）。ここでは創立者長谷川繁雄の死後、KCG学院長室、室長として、KCGの経営中枢部門を担い、KCGのインフラストラクチャーの石組みを堅固に構築した亘の業績に焦点を絞り、前述したいくつかの箇所の内容を靖子の言葉で再度まとめてみたい。

1．創立者繁雄の死後、亘は全教職員が一同に集まる全体会議で、有名私立大学には、「私学の精神」が生きている、これは、私学発展の重要な要であると述べた。私（靖子）は、創立当初より、KCGの目的を時代の先端のコンピュータ理論技術の教育とし、来るべきコンピュータ全盛期時代の門戸を拓く人材育成をうたってきた。これを支える原点としての精神は、私の生きる信念として内蔵し、あえて表出してこなかったのである。

亘は、「私学」である以上、何よりもその基本精神が重要で、そこに私学発展の鍵があると喝破した。私は、目から鱗が落ちたようなショックを受けた。

亘は子供の頃から、束縛を嫌い、自由な独立した〝我が道を行く〟性向を持っていた。従って、国策の実践人材の育成を要とする、省庁の考案によるエリートコースの軌道を逸脱することなく歩み、卒業後もその延長線上のすでに用意された階段を上がる——というレディメイドとして用意されていたステレオタイプの生き方に、何の関心も示さなかった。

亘は、自分の個性と才能に応じ、自分の思索・経験に即して自分でデザインした道を歩むという創造者の人生を当然のものとして理解していたのだろう。そのため、大隈重信や福沢諭吉、あるいは新島襄といった私学の創立者の生き方や哲学がその大学の教育哲学につながるということにその価値を見出していた。有名私立大学の創立者の建学の精神の評価の上にたって、早稲田大学を選び、さらに大学在学中は随所にみられるその精神の発揚を観察し、また自らも学内体験を通じて、創造的な生き方を発見していったのだと思う。

そして、その体験すべてては、専門職大学院創立の布石となった。

2.

外部団体からKCG乗っ取りを意図してKCGに就職し、労働組合を結成し、学院内を大混乱に落とし入れ、ついに創立者を死に至らしめた、似非労働組合とそれを操った外部団体との闘争については第2章でも触れたが、この記録はインターネット上にも散見される判例として残っており、経営側（亘側）の完全勝利で終わった稀有な例である。

亘の進言で、私は、学院の創立理念の遵守、および学院のアカデミア部門、アウトリーチ部門(2)の仕事に専念しており、組合闘争においては、傍観者の立場に立っていたが、亘の鮮やかな戦略・戦術の経緯に驚き、経営者としての一方ならぬ才覚に目を見張った。

3.

ＫＣＧは、私塾から発展して以来、コンピュータ黎明期のブームの追い風を受けて、入学者は毎年５００～１０００人増加するありさまであった。当時経営面を担当していた故長谷川繁雄は多忙を極め、膨張する３０００人から４０００人規模の在学生の対応に追われていた。専修学校は地方自治体の文教課の統制下にあり、校舎がバス停で２停留所離れているだけで同一の学校と認められず、ＫＣＧのように市内の６か所に散在する学校は、別々に学校の認可申請が必要とされ、校名も混乱が起こらないように別々の名前を付けるように指導された。６か所の学校は、各校内で職員・学生の管理を独立に行い、統一システムで機能していなかった。それから数年後、距離的な規制が緩和され、各校の名前が統一され、京都市内の各校は、京都コンピュータ学院○○校となった。それと併行して、亘は学校経営としては必須のインフラの構築に専念した。亘は6校バラバラに機能していた教務システム・学務システムを廃止し、統一のシステムをデザインし、そのIT化を完成した。それは数百ページにおよぶマニュアルであったが、以来、事務および学生の学務管理を全学で一貫して行うようになったのである。さらに、教育環境のIT化、学習のIT化、eラーニング構築も急速に実現されていった(3)。2012年には、札幌、東京サテライトもeラーニングにより実現した。これらすべては、ネット社会の到来を早くから予測した亘の時代センスと、全国に先駆けて完全IT化を実現した亘の即断実行力によるものであった。

4. 校舎としての鴨川校、京都駅前校は、亘の陣頭指揮で亘のアイデアによる偉容ある斬新なデザインで再築された。校舎は在学生の単なる勉強する場所ではなく、向学心や豊かな情操育成にも配慮し、さらに卒業生の最終母校としての誇りを持つにふさわしい心の故郷となった。

5. 学校機関誌アキュームの発刊が1989年よりスタートしたが、この発刊のアイデアも内容の編集も亘の主導下で行われた。

ＫＣＧの海外コンピュータ教育支援活動は、世界規模のコンピュータ文化推進の理念の下に進められ、世界初の成果を次々に挙げていったが、これに関する記事は、アキューム2号から大きく記載されていったのである。このことにより、関西ほぼ全域のインテリ層の間にＫＣＧの文化的価値が確認されていった。

〝専門学校は、営利を目的とする〟というインテリ層の固定観念が払拭され、ＫＣＧのユニークな文化水準の高さが関係者の中に定着した。ボランタリー活動であるＩＤＣＥは、各方面から多大な評価をいただいたのである。

以上5項目に記述した、ＫＣＧ時代の亘の業績は、すべて日本最初のＩＴ専門職大学院の設立への道程となった。

○人生観が変わる

亘は、２０００年8月に、ＫＣＧの海外での活動の拠点としてワールドトレードセンター北棟の79階にオフィスを借りる。さぞ家賃が高かったのでは？　と思うがさにあらず、ニューヨークのマンハッタンでは、オフィスビルは1日の3分の1しか使わない前提で賃料が設定されているためアパートよりはるかに安く、コロンビア大学のコネも活用して月額７万円ほどだったという。

ところが、翌年同時多発テロ事件が起き、ＫＣＧニューヨークオフィスも被災する(4)。

「すごいショックでしたね。日本にたまたまいて、部下が『ニューヨークのオフィスに飛行機がぶつかったらしいです』とか言ってきた。セスナかなんかがぶつかったと思うじゃないですか。家に帰ってテレビをつけたら、ビルに大きな穴が開いているんですよ。しばらくしたら全部ドーンと崩れてね。

穴が開いてすぐの時は電話も通じました。崩れた後もマンハッタン内のインターネットは何時間かの間はつながっていました。

ちょうど直属の部下が同ニューヨークオフィス勤務で、ブロードウェイの北の方に住んでいたんですけど、インターネットを使っての安否確認作業に必死でした。それでも、どこにいるかわからない。次の日の夕方ぐらいになってから『ハロー』って電話してきたんですよ。『何がハローだ！』って。こっちはどれだけ探し回ったか！　みたいなものでしたよ。

聞けば、朝出勤しようとアパートを出てブロードウェイを歩き出したら、目の前で煙が上がっているので、立ちすくんでしまった。しばらくしたら頭から灰をかぶった人が走って逃げてきた、と言っていました。被災地であるマンハッタンの南から彼女のアパートのところまで、かなり距離がありますから、たぶん1時間以上、道路に立ち尽くしていたんだと思うんです。その後電車に乗ってマンハッタンの北の方のお母さんの家まで行って、お粥を作ってもらって、疲れたので寝たと。ちょうど結婚してお腹に赤ちゃんがいるころだったんですね。生きていてよかったんですけどね」

亘はこの事件で人生観が変わったという。

「自分がどんなに平和に考えていても殺されるときは殺される。平和主義とか何の関係もない。自分が差別していようがいまいが殺される。

経営者であれば、自分の借りているオフィスは自分の城みたいなものだと思うでしょ。そこを突然攻撃されたらどうしたらいいのか。自分の部下がいて自分の学校があって学生がいて、そこに何かが突っ込んできたら、みんなを守るために、ビルの上に高射砲かミサイルでも持っておいて、突っ込んでくる飛行機を撃ち落とすのが正しいはずなんですね。

でも、そういう発想ってそれまでなかったですよね。いまだに9月11日になると、何か塞ぎ込んで悩んでしまうんですけど」

そうは言いつつも、ＫＣＧのニューヨークの拠点は必要であり、０４年にはＫＣＧニューヨークオフィスをロックフェラー・センタービルに移転させた。

○「分散コンピュータ博物館」認定第1号

第2章で亘が凝りに凝って建てた校舎として紹介したＫＣＧ京都駅前校にも「コンピュータは文化」を感じさせるものがある。ここに入ると、先に触れた凝った内装とともに目に入ってくるものがある。かつて日本各地のオフィス、工場、大学などで稼働していた大小様々のコンピュータが、所狭しと展示されているのである。

例えば、ＫＣＧが教育・実習用に初めて導入した大型・汎用コンピュータとして第1章でも紹介したＴＯＳＢＡＣ−３４００は、日本で最初のマイクロプログラム制御計算機であるＫＴ−Ｐｉｌｏｔという機器をベースに開発されたもので、ＫＣＧＩの初代学長やＫＣＧ情報学研究所長などを務めた萩原宏が、京都大学工学部教授時代にその基本設計やソフトウェア開発などを担当し、東芝とともに開発したもので技術計算用として一世を風靡したものであった。時代とともに計算機としての第一線の役割を終えたが、技術的な価値は失われても文化的価値は残るという信念のもとにこのシステム全体を保存してきたのである。ＫＣＧを飛躍的に発展させた縁の深い汎用計算機というだけでなく、わが国のコンピュータ技術発展の歴史においても重要な貢献をした機器の一つである。

ＫＣＧはＴＯＳＢＡＣ－３４００に限らず、その後学生用に自校で使用してきたコンピュータや周辺機器をすべて保存してきた。２００９年にはその活動が評価され、社団法人情報処理学会から「分散コンピュータ博物館」の全国第1号認定を受けるとともに、かつてＫＣＧで学生が使用していたＴＯＳＢＡＣ－３４００とＯＫＩＴＡＣ－４３００Ｃシステムの2機が「情報処理技術遺産」として第1号認定を受けた。そして、１１～１６年にかけて、さらに5件の認定を受ける。これらの認定に際し、学院長である靖子に情報処理学会から感謝状とともに記念品が贈られ表彰された。

ＫＣＧのコレクションにはパソコンも含まれている。一世を風靡したＮＥＣのＰＣ－９８０1やアップルのⅡc、Ｍａｃｉｎｔｏｓｈ ＳＥ、「ラップトップ」と呼ばれていた東芝のノートパソコンの初期モデルなどもある。そうかと思えば、民主党政権時代の事業仕分けで「2位じゃダメなんですか」と言われて一躍有名になった、理化学研究所・富士通開発のスーパーコンピュータ「京」のパネルとシステムボードまで寄贈により保存している。

「分散コンピュータ博物館」の認定を受けて以来、京大や阪大などの大学やメーカーから、過去の名機と呼ばれたコンピュータや周辺機器の寄贈を受けるようになり、それらも保存して、誰でも見学できるようにしている。

パソコン時代に入りそのような大型機が御役御免になっても、ＫＣＧの関係者はそれらの機器を廃棄せずに保存していく。なぜ彼らにはそれができたのか？

その謎を解くカギが、長谷川繁雄の言葉にある。繁雄の命日である閑堂忌にしばしば記念講演を行っている田中智子京都大学教授（教育学）は、１９８１年のＫＣＧ学校案内の中で繁雄がこんな言葉を残していると紹介している(5)。

田中「かつて、明治初期、わが国近代化の黎明期には、夢と冒険心にみちた青年たちが、全国各地から京都に集まり、さまざまな科学的事業を行って、近代工業国日本の基礎をつくりました。たとえば、疎水、水力発電、わが国最初の路面電車（市電）などがそれですが、時代は移って１９８０年代、現代の若者たちは、時代の最先端をいくコンピュータを学ぼうと、大きな夢をふくらませて本校に集まってきています」

繁雄が京都を神社仏閣、祇園祭などの伝統行事、西陣織などの伝統文化豊かな歴史的な街としてだけではなく、日本の近代化の一翼を担う街として捉えていたのは何とも興味深いのだが、彼はその思いを胸に1978年何とも大胆な行動に出る。この年京都市の市電は全面廃止になったのだが、彼は市と交渉し、市電の車両2両を引き取って、当時道路に敷かれていた石材や線路、停留所、架線とともに保存展示したのである。

田中は「過去の技術の結晶を捨てずに残す、そういう発想は、現在もKCGが持つ一つの側面すなわち昔からの発足時からのコンピュータを捨ててしまわず、コンピュータ博物館として、大事に残していきたいという思考によくつながっているところであろうと思われます」と述べている。繁雄は、先端技術の結晶にも神社仏閣と同じ文化財的価値を認めていたということであろう。

幼い頃からそのような機器を間近に見て育ってきた亘は、大型コンピュータやそれを操作するオペレータが「カッコよかった時代」のことをよく覚えている。

「大型コンピュータのオペレータって白衣着て、大きな機械を操作しているわけですからね。スイッチを入れると、ブオーンという音を立てて起動するわけですよ。それで、テープが音を立てて回るんです。印刷しようと思ったら、チャッチャッチャッチャッという音とともに印刷機が1分1000行の速度でプリントアウトしてきます。それを一人でオペレーションするというのが、もう『スタートレック』⑹のスポックやカーク船長のような『かっこよさ』がありましたね」

亘には、機器を残すことでそれを操作していた人間の姿や思いをも残したいという意図もあるように感じる。

ただ、現在これらの機器は、学校として使っている校舎の空きスペースに雑然と置かれているに過ぎない。KCGは、わが国のコンピュータ技術の歴史を振り返り、技術立国として今後も世界をリードしていける人材の育成にもつなげるべく、本格的な「コンピュータ博物館」の創設を目指し、官民の関係者に支援と協力を呼び掛けているところである。

○コンサートホールとリアル・ジオラマ付きパーティ会場

京都駅前校の校舎にはまだまだ驚かされることがある。筆者が初めて亘にインタビューするため、この校舎を訪ねたときのことである。エレベーターで最上階へ上がるよう案内され、扉が開くと亘自ら出迎えて、インタビュー用のスペースへ案内された。そこは飲み物を提供できるカウンターを備えた、パーティ・スペースのように見えた。

インタビューを終えて校舎の見学をするため、エレベーターで1階に降りる。今度は下から2階、3階へと徐々に上がっていく。講義用・実習用の教室、アニメやCGを製作できるラボ、レコーディングスタジオなどを見学した後、再び最上階に達すると、今度は立派なコンサートホールが現れた。シューボックス型、客席数は600席。亘によると、1989年にドイツの音響設計会社と提携して、当時まだ斬新だったCADを駆使し、1席ずつ音響のシミュレーションを行い、壁や天井の第二反射まで計算して、どの席に座っても同じようなバランスで音が聴こえるように設計したのだそうだ。しかも、壁に設置されたカーテンで残響時間の調節ができる。講義や講演会、入学式、卒業式などの式典の際にはカーテンを下し、コンサートを行う際には上げる。

どの席でも音響が変わらないのかどうかはさすがにこの場では確認できないが、カーテンの上げ下ろしはやってもらった。カーテンを下げた状態で手を叩くとほとんど音が返ってこないが、カーテンを上げた状態で手を叩くと、ゆっくり響きが遠ざかってゆく。何とも心地良い。

大ホールではKCGの講師も務めたヴァイオリンの浦川宜也(7)やピアノの杉谷昭子(8)らがしばしばコンサートを開いていた、と聞いた。現在では、ピアニストの多川響子がK

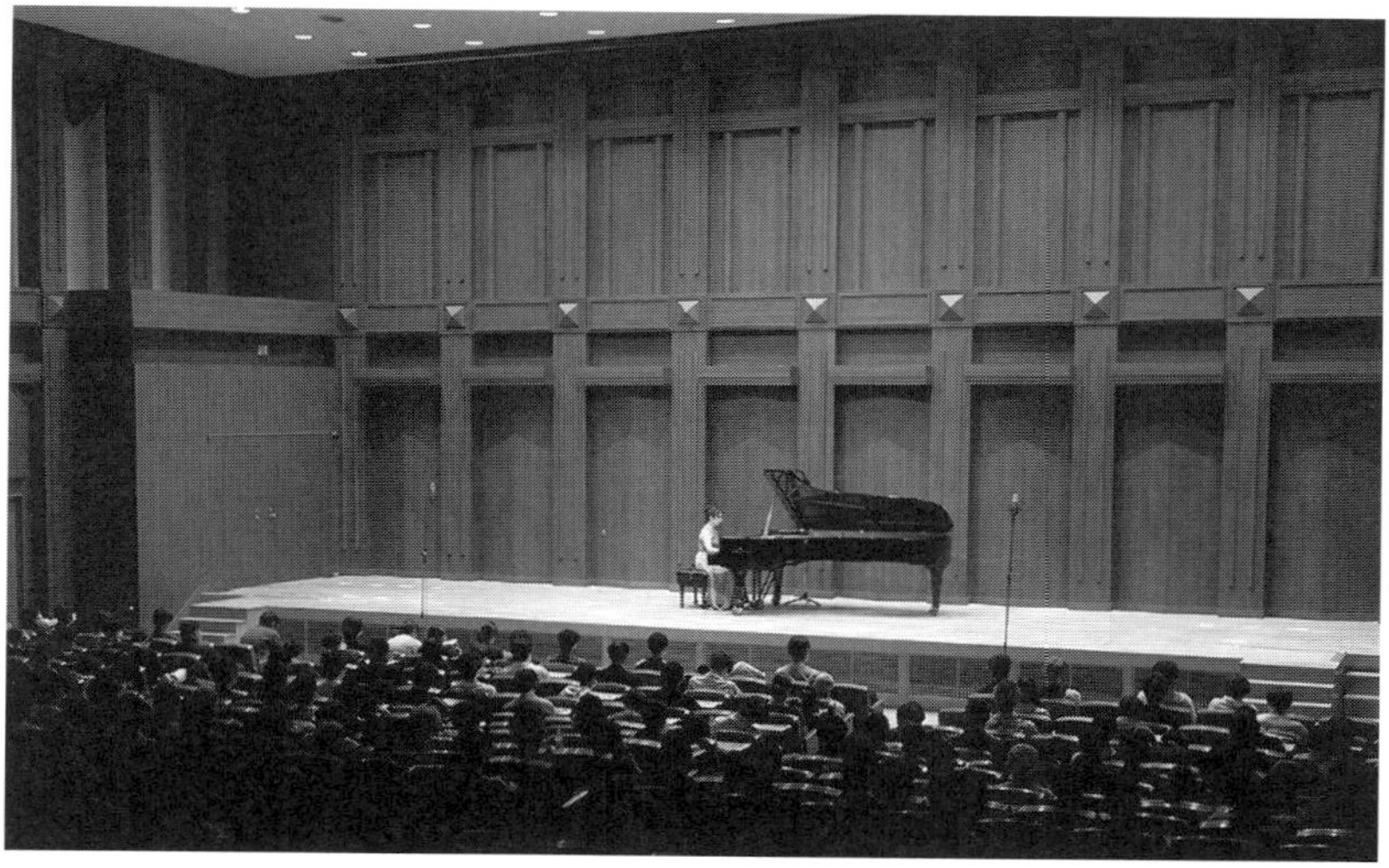

大ホールでのピアノコンサート

ＣＧＩ教授に就き、ＫＣＧグループ全学の音楽教育を監修している。２０２３年にはヴァイオリニストの劉薇も教授に着任した。今後の課題の一つは、音楽と音響工学とＩＴの融合領域だそうだ。

欧米の大学では劇場やコンサートホールが当たり前のようにあり、教育用だけでなく、地域貢献の一環としてコンサートなどが開かれているが、この京都駅前校のコンサートホールは「西日本最高の音響効果を持つ」というのが芸術プロの間で評判となった。まさか京都駅の目と鼻の先でそのような環境を備えた学校があるとは。

すっかりいい気分になってステージ脇の扉を開けると、あら不思議、最初に案内された部屋に戻る。ステージに上がる登壇者、出演者のための控室であると同時に、そのまま賓客とのパーティ会場にもなるという造りである。最上階のエレベーターとステージ脇の扉はまるで「どこでもドア」(9)のようだ。

夕方になって辺りが暗くなると、このパーティ会場からの眺めは格別である。新幹線とJR西日本の在来線の線路に挟まれた位置にあるこの校舎の窓からは、梅小路鉄道博物館も遠くに見えて、リアルの鉄道ジオラマを見ながらお酒が飲めるのである。鉄道オタクにはたまらない空間だ(なお、このラウンジは卒業生の校友会によって設置されたもので、在学生とりわけ未成年は立入禁止。お酒を飲めるのも、もちろん20歳以上の大人だけである。念のため)。

○日本IT団体連盟の創設

亘は「社会が必要とする、IT、コンピュータが使える人を育てるべき」という発想でKCGを経営し、KCGIを創設し、その言葉通り多くの優秀な人材を輩出してきた。卒業生たちの進路先を開拓したり、彼らの活躍ぶりを把握したりするために、KCGの関係者はIT関連企業との関係を持ち続けてきたわけだが、その中で亘が気付いたことがある。一口に「コンピュータ業界」と言っても、その中には様々なタイプの企業があるのである。

例えば１９７０年代は大型計算機が主流だったので、大企業の給与計算などの仕事を受託して、自分たちでソフトウェアを作って処理する企業が多かった。それが８０年代になるとスタンドアローン⑽のパソコンがメインになり、一太郎とか勘定奉行などのパッケージソフトを購入して使用するようになる。それで、ソフトの製作・販売企業が誕生する。

その後インターネットの時代が来ると、プロバイダーやネットワークを整備・運用する企業が出てくる。21世紀に入ると、インターネットを使ってデータセンターを整備・運用する企業が生まれる。さらに、ゲームソフトを製作・販売する企業がある。

亘によると、これらの企業間には何の関係もなく、業界団体もバラバラなのだそうだ。そこで、ＩＴ分野の政策的な課題が生じたときに、総務省や経済産業省から「どこの団体に声を掛けたらいいのかわからない」と言われるようになる。

亘は業界団体の一つであるＡＮＩＡ⑾の中心的な存在として活動をしており、２０１３年から会長を務めていた。そこで、一般社団法人ソフトウェア協会（ＳＡＪ）の荻原紀男会長（株式会社豆蔵代表取締役社長（当時））に誘われ、１６年7月22日一般社団法人日本ＩＴ団体連盟（ＩＴ連盟）を設立。ＩＴ関連の60以上の団体（加盟約５０００社、総従業員数約４００万人）が集い、亘は代表理事となる。そして直ちに荻原らとともにに内閣府や国会議員たちへ何度も陳情し、ＩＴ専門の省庁設立を力説した。それが功を奏し、２１年９月デジタル庁が発足する。

その一方で、政府は「未来投資戦略２０１７」（２０１７年６月９日閣議決定）に基づき、第四次産業革命下で求められる人材の必要性やミスマッチの状況を明確化するため、経産省、厚労省、文科省の三省連携で人材需給の試算を行う。２０１９年４月に公表された調査結果⑿では、２０１８年現在のＩＴ人材不足数が約22万人であるのに対し、２０３０年には最大で約79万人が不足するとの試算結果が公表された。

ＩＴ連盟は優秀なＩＴ人材の育成、世界最高水準のＩＴ社会構築を目標に掲げ、ＩＴ教育推進のための諸施策や、政府と双方向のコミュニケーションを実現しながらの各種提言など、様々な活動を進めている。その中核に学校経営者である亘がいるのも、「コンピュータは文化」との考えをＩＴ企業関係者に浸透させ、彼らが一つの方向性にまとまって動いてほしいとの思いがあるからだろう。

○「.kyoto」の管理運営
亘がインターネット上に高等教育機関を展開するために、ＫＣＧのドメインとして.eduを取得したことについては既に触れた。その関係でもう一つ紹介すべきことがある。ドメイン.kyotoを誕生させたのである。

インターネットはありとあらゆる分野の膨大な情報を提供し、私たちはそれらに自由にアクセスし、活用することができる。しかし、その情報がそもそも信頼に値するものなのかどうか、判断することは意外に難しい。いわゆるフェイクニュースを集めたもの、犯罪を助長するような有害サイトは枚挙にいとまがない。

こうした状況を招いた原因の一つとして、ドメイン名の管理・統制が厳格に行われてこなかったことが指摘されている。

ＫＣＧグループは、ドメイン名は、単にその企業や団体、個人を示す「記号」であるだけでなく「シンボル」でもあり、さらには「誇り」ともいえるものと捉えている。この考えの下、ＫＣＧＩに設けられたサイバー京都研究所は２０１５年、京都府の支持を得て、国際的なドメイン管理団体であるＩＣＡＮＮ（Internet Corporation for Assigned Names and Numbers）から「.kyoto」をトップレベルドメインの一つと位置付けるとともに、ＫＣＧＩがその管理運営主体となることについて承認を得た。

これは何を意味するのか？　京都に関する情報を得たいと思った人が、ネット上で様々なサイトにアクセスする。その中でドメイン名に「.kyoto」が付いているサイトに掲載されている情報は、それ以外のドメインを持つサイトよりも、より信頼性の高い情報を提供していることを意味するのである。インターネット上における京都ブランドの証明でもあり、情報の確かさの証明でもある。

「.kyoto」が付与されたサイトがそのような情報をどんどん発信していけば、京都府民をはじめ京都に関係する人たちが安心して世界と知的交流を進めることができ、京都のブランド力向上や京都府全体への価値創出に貢献することができる。

サイバー京都研究所は、有害情報・違法情報の排除の仕組みづくりを進めながら「.kyoto」上に京都のブランド価値に直結する様々なコンテンツを蓄積していけるよう、各方面に働きかけているのである。

ちなみに、このようなトップレベルドメインの管理運営は行政機関や公益法人などの公的機関が担うのが普通だが、ＫＣＧＩは学校法人として唯一管理運営事業者(レジストリ)として認められているのである。これも「コンピュータは文化」との発想があればこそ、であろう。

○「コンピュータは文化」が意味するもの

改めて亘に「コンピュータは文化」に込められた意味を問うてみた。

「コンピュータが進化、発展することによって、それまで当然だと思っていた人間の文明なり文化なりがドラスティックに変わってしまうというのは子供の頃から知っていました。

でも、だからといって畏怖を感じたり、尊敬したりするほどのものでもないし、しょせんは機械じゃないか、みたいに思っていました。家がコンピュータを仕事にしていたからこそ、なめてかかっていました。

１９８０年代末、Ｍａｃｉｎｔｏｓｈでコンピュータ・グラフィックスができるようになったとき、初めて『あっ！　これは子供だましのおもちゃじゃないんだ』とわかってきたんです。

１９９０年代にインターネットが始まると、パソコンがスタンドアローンではなくネットワークになって、世界中でつながったおかげで、パソコンが大型機をはるかに超えた時代の先端になって、世界を変革し始めたわけですね。

そこから人間社会の何かが変わっていくというのが、顕著になっていっています。コンピュータは単なる道具ではなく、新しい文明を生み出していく何かになるだろう、というようなことです」

亘の言葉は、政府が近年打ち出している Society 4.0（情報社会）から 5.0 ⒀へと進む未来社会の姿や、第四次産業革命⒁で示された、ＩＴが社会や人間にもたらすとされる様々な影響とも重なる部分がある。

コンピュータ、ＩＴは単なる技術ではなく、人間の生き方や社会の有り様を根本的に変えていく存在である。だからこそ誰もが身近で自由に使えるものでなくてはならない。このあたりが「コンピュータは文化」に込められた意味なのだろう。

【注】

（１）ＫＣＧの海外コンピュータ教育支援活動の概略。

ⅰ．目的：この活動は、途上国の遠隔地に対するコンピュータ理論技術のリテラシー教育の実現を目的としたボランタリー活動である。

ⅱ．意義：途上国における都市と地方との格差は、直接的経済効果が希薄なためほとんどの国においてなおざりにされている。しかし、この格差があるかぎり、文化の普及と成熟は不可能である。この活動は、途上国と先進国の格差を減じ、ワールドワイドのコンピュータ文化浸透・成熟への貢献を考えたものである。

ⅲ．プロジェクト内容

＊ＫＣＧで学生用に使用してきたパソコン（ＰＣ）３０００台を途上国に寄贈し、それを利用して、現地での地方教育の振興に寄与する。

＊途上国一国あたり、数百台のＰＣを無償寄贈し、遠隔地十数か所の研修施設に設置する。

＊途上国においては、コンピュータ教育に通暁している人が少なく、地方ではコンピュータ教育の指導員は皆無であった。そこで、ＫＣＧと現地の教育機関との話し合いにより、現地における寄贈コンピュータ教育指導員の養成をＫＣＧの責任において実施するというプロジェクトを上記のプロジェクトに加えた。

〈教員養成プロジェクトの内容〉

＊現地教員養成にあたっては、亘の妹の由（ハーヴァード教育大学院卒業、なお、弟の晶も後に同大学院を卒業している）がリーダーとなり、由の出身大学であるＭＩＴのＫＣＧプロジェクト支援グループ（ＭＩＴ大学当局発行の新聞に掲載された）とＫＣＧの教員合わせて、７、８名により、現地約2週間の研修コースを中心都市で実施。その後、当該支援国における研修者の中から、優秀者15名程度を日本に招き、本校ＫＣＧで、２週間の特訓を受ける。

iv．費用

＊現地におけるコンピュータ指導者に予定された教員を都市部に集めての講習会の費用は現地政府が持ち、さらに派遣教員の現地滞在費も、同様に現地政府が持つ。

＊現地に派遣される、教員の教育に関する給料は、ボランタリーのため無給とした。

＊教員派遣の渡航費、および現地から選ばれた講習生の日本への渡航費は、日本万博協会の国際交流費で賄われた。

＊その他、日本における研修生の2週間の特訓コースにおける講習費・滞在費は、東芝・富士通などのメーカーによる協力で賄われた。

v．実践記録

＊支援活動は、１９８９年のスタート以来、毎年1か国対象を原則とし、タイ王国を皮切りに、ガーナ、ポーランド、ケニア、ジンバブエ、ペルー、スリランカと続いた。その後、現地教員養成の

必要がなくなりPCの寄贈のみとなったが、それらの国を含めて、2023年度までに26か国に達している。
靖子は寄贈の場に立ち会ったときのことが忘れられないという。受取側のタイ文部省の幹部が感謝の言葉を表明したのだが、それを日本語に訳そうとした留学生が「タイではこれ以上ない最大限の賛辞です。私の日本語能力では正確に訳せないのが悔しい」と言って泣いたそうである。

vi. 効果

＊途上国では、地方においては、PCは皆無であり、PCを教える教員も皆無であった。直接的経済効果の薄いリテラシー教育は、PCの価格が高いこともあり、現地では、「不可能、必要なし」という考えが定着していた。しかし、結果として、このプロジェクトは対象国における教育行政の革命をもたらしたのである。靖子と由は、現地のプロジェクト担当省から、最上級の表彰を受けた。さらに、コンピュータの寄贈と現地教員養成をセットにした支援活動は世界最初のものであり、国際的に高く評価され、2006年に国連の専門組織ITUの日本法人より、靖子に海外支援特別賞（5年に1度）が贈られた。

vii. 派生効果

＊海外コンピュータ教育支援活動は、現地で高く評価され、現地のJICAカウンターパートよりの要請で、JICAプロジェクトとして、アフリカ全土から15名～20名の研修生のKCGへの受け入れが実現した。この「JICAアフリカ地域コンピュータコース」は、毎年3か月の講習会を京都KCGで実施するものであった。JICAからの要請による、このプロジェクトは十数年間継続された。
＊日本における、KCGの活動の成果を見聞したKCGの学生の多くは、本学院の教育方針に誇りを持ち、「技術立国ニッポン」の誇りと責任を自覚したであろう。卒業後、JICA青年協力隊などに参加し、途上国でのコンピュータ技術指導を行う卒業生が相次いだ。

（２）大学におけるアウトリーチ部門は、海外の著名大学においては、アカデミア部門、教職員学生管理部門などと同様に設けられている。主として次の役割を持っている。
　ｉ．相互発展の為の国外校との提携
　　＊留学生・研究生の交換　＊共同研究など
　ⅱ．支援の為のアウトリーチ
　　途上国と先進国の格差がグローバリズムによりさらに大きくなっている。この格差を埋めるために
　　ワールドワイドの支援が欠かせない。
（３）この当時、インフルエンザが大流行し、京都の大学は全部休講となった。ＫＣＧでは、教員と学生の自宅間のネット化が実現していたため、休講にならなかった。このことは、テレビニュースでも報じられた。
（４）詳細はアキューム Vol.11 2002 巻頭特集「米国同時多発テロ　ＫＣＧニューヨークオフィス被災」を参照。https://www.accumu.jp/back_numbers/vol11/
（５）「長谷川繁雄初代学院長の四半世紀―時代とことば―」閑堂忌記念公演（２０２２年）
（６）１９６６年米国で制作されたテレビドラマ、映画などのシリーズ。宇宙船などで活動する登場人物たち（異星人も含む）が様々な困難を乗り越えて未知の生命体と交流するストーリーが日本でも人気を博した。
（７）１９４０年東京生まれ。13歳で日本音楽コンクールに入賞。ベルリン芸術大学でベルリン・フィルのコンサートマスター、ミシェル・シュヴァルベに師事。１９６５～６９年バンベルク交響楽団第１コンサートマスター。ソロとしても活躍、１９８４～２００２年東京芸術大学教授。
（８）１９４３年和歌山市生まれ。東京芸術大学卒業後ケルン音楽大学大学院でブルーノ・レオナルド・ゲルバー、アレクシス・ワイセンベルク、クラウディオ・アラウなどに師事。ドイツを中心に演奏活動を行う一方で、教育者としても活躍。２０１９年他界。

（９）藤子・Ｆ・不二雄の漫画「ドラえもん」に登場するひみつ道具の一つ。片開きの戸を模した道具で、目的地を音声などで入力した上で開くと、その先が目的地になる。

（10）コンピュータや情報機器などが、通信機能・回線を通じて他の機器やネットワークと接続せずに、孤立した状態で使用すること。

（11）全国地域情報産業団体連合会（All Nippon Information Industry Association Federation）。１９８８年設立。全国の情報通信産業団体の正会員と中央の特別会員団体、賛助会員企業から構成され、地方の会員企業数はおよそ２０００社。長谷川亘は一般社団法人京都府情報産業協会を代表して加入。
https://www.ania.jp/

（12）https://www.meti.go.jp/policy/it_policy/jinzai/gaiyou.pdf

（13）Society 5.0は、２０１６年1月22日閣議決定された第５期科学技術基本計画に提唱された、わが国が目指すべき未来社会の姿。「サイバー空間（仮想空間）とフィジカル空間（現実空間）を高度に融合させたシステムにより、経済発展と社会的課題の解決を両立する、人間中心の社会」と定義されている。

（14）２０１６年世界経済フォーラム（ダボス会議）のテーマとして初めて使われる。デジタル革命を大前提としており、技術が社会内や人体内部にすら埋め込まれるようになる新たな道を表している、と説明されている。

第6章　「こうもり」大学院の将来

○京都大学との蜜月とひび割れ

改めて京都情報大学院大学（ＫＣＧＩ）の母体となった京都コンピュータ学院（ＫＣＧ）の歩みを振り返る中で、一つ素朴な疑問がわいてきた。あの時代にどうやってコンピュータを教える教員を確保したのだろうか？

靖子が１９６１年頃から京大大型計算機センターでプログラム指導員をしていたこと、そして、その後、「京都ソフトウェア研究会」でコンピュータ利用講習会を実施してきたことなどから、京大計算センター関係者、利用者の間で、「彼女の名前を知らない人はいない」とまで言われていた。

研究会は、京都コンピュータ学院（ＫＣＧ）と改名された後も、活発に対外的な活動を行ってきた。このような経緯から、京大計算センター利用者の教員、学生の間にＫＣＧに対する信頼感が定着していったのである。

京大の大学院生にとっては、アルバイトとして通常の大学受験指導よりは、自分の専門領域を教える方が、専門知識の理解が深まりメリットがあった。大学院生たちにとっては、各研究室の上司や京大学長までも、ＫＣＧでのアルバイトをすすめたため、いもづる式に毎年、非常勤講師が集まり、講師不足に陥ったことは一度もなかったという。

「当時ＫＣＧが京都大学の横にありまして、これも大きなアドバンテージですよ」

京大の学生や教職員の多くは大学の近くに住んでいる。アルバイト料が稼げる上に専門学校での教育経験は学術面の実績にもなるので、他大学などへ就職する際にも役に立つ。ＫＣＧの校舎は京大の近くにあり、京大の教員や学生に教えてもらえることから、ＫＣＧが京大によって経営されていると誤解したり、「民間の京大工学部」と呼んだりするものも多かったという逸話も残っている。

京大との蜜月関係は、思わぬ副産物も生み出す。１９８９年、前年のＫＣＧ創立25周年を記念して、卒業生のための機関誌 Accumu（アキューム）を発刊。創刊号は亘自身がゴーストライターとしてかなりの記事を書いたそうだが、それを京都大学の教員たちに見せると、第2号から続々と原稿が集まるようになる。研究者が成果を発表しようとすれば、今でこそ査読付きの論文誌に掲載しないと評価されないが、当時はそもそも発表の場自体が少なかった。そのため、雑誌であっても実績として記載すれば、他大学などへの就職の際に一定の評価を得ていたという。

もちろん亘のことだ。雑誌一つとっても普通に作るはずがない。

「当時流行っていた『ＢＲＵＴＵＳ（ブルータス）』[1]という雑誌の書式を参考にしたんですよ。そして、論文だけじゃなくて、写真や読み物や文学も含めてごちゃ混ぜにしてしまうところに面白さがあると思って作ったんです。それが受けたんでしょうね」

しかし、そんな京都大学との蜜月関係は、ＫＣＧＩの認可申請をしたことで劇的に変化した。京都大学の情報系研究者たちの一部が抵抗勢力に回ったことは先に触れた。

○こうもりのような大学院

そもそもＫＣＧは専修学校である。であれば、当然専修学校関係者との付き合いもあるはずである。

確かに、ＫＣＧは一般社団法人京都府専修学校各種学校協会のメンバーではある。しかし、ＫＣＧと同協会、あるいは同協会も属する全国専修学校各種学校総連合会（全専各連）との間でそれ以上の積極的な連携協力関係が築かれたようには見えない。専修学校各種学校関係者の間では、ＫＣＧは別の世界の学校だと認識されているという。

その要因として考えられるのは、専門がコンピュータという多くの人にとって未知の世界のものであったことが大きいが、最たるものは高等教育機関に対する考え方の違いであろう。ＫＣＧが専門職大学院制度の発足を好機と捉えてＫＣＧＩの認可を目指したのに対し、他の大多数の専修・各種学校関係者は、「高等教育の複線化」「職業教育に特化した新しい高等教育機関の創設」を実現すべく、長年各方面に働きかけてきた。彼らの思いは２０１８年の学校教育法改正により制度化された「専門職大学」「専門職短期大学」という形でようやく結実するわけだが、既に大学院を設立した亘がこれらの制度に魅力を感じなかったとしても、無理のないところである。

その一方で、亘はＫＣＧＩを創設したことで大学関係者の一員となったわけだが、

「公益財団法人大学コンソーシアム京都⑵という団体がありますけど、専門学校だけだった時代は『専門学校であって大学ではないから』という理由で入会させてもらえなかった。大学院大学を開設したけれども、最初ＫＣＧＩは準会員で、大学の枠には入れてもらえませんでした。理由は、『学部課程がないからだ』と言われました。動物の仲間にも鳥の仲間にも入れてもらえない、こうもりみたいなもんです」

現在は加盟会員としての地位を得ているが、紆余曲折があったのだ。

では、私立大学協会ではどうか。

「『IT分野は就職実績がとてもよくて』と言って、私たちを畏怖の対象のように見る人が多いように感じます。やはり疎外感と言うか、全く違う世界があると感じています。大学業界ではお座敷で座る場所が決まっているんです。手を上げて前に出ていったりしては絶対にダメ、とも言われました。

ところが、自分は大学行政なり教育学なりでそれなりに自信があるものですから、総会でも挙手して好きなことを言っていたんです。そうしたら、当時の会長で文化学園の大沼淳理事長に『あいつ、何者だ?』と思われたようで。『異形の、わけのわからんのが入ってきた』みたいな目でしばらく見られていたのではないでしょうか。でも、そのおかげで桜美林大学の佐藤東洋士先生にもすぐに覚えてもらえました。それから、同じ京都なので、京都外国語大学の森田嘉一先生には本当にかわいがってもらいました。森田先生もお若いころ、コロンビア大学で学んだとのことでした」

なぜこのシリーズに長谷川亘が取り上げられたのか、これ以上の説明は不要だろう。

○スキルアップに興味を示さない日本企業

では、卒業生の就職先の企業からの評価が亘の支えになったかといえば、そうは問屋が卸さない。

「IT企業の側からすると、従業員に高い給料を払いたくない。その辺はものすごくシビアな世界ですね。ある会社の社長に『大学院を作ったから、貴社の従業員を勉強させてくださいよ、絶対に貴社の発展に貢献するでしょう』と言ったら『させたくない』って言うんですよ。学歴を与えると給料が上がるから。

アメリカは違うでしょ。プロフェッショナルスクール出てマスターやドクターを取ったら給料が上がるけど、会社の側は『行って勉強してこい』って言いますよね」

ならば、いわゆるベンチャー系企業であれば、少し事情は異なるような気もするのだが……。

「ベンチャー系も、当然ですが利益第一主義です。例えば利益率に対する考え方。次の時代を見てなくて、ただ単に今コストがこれだけだから中国に外注に出せ、といった判断をする。年度ごとの決算が重要なので、どうしても近視眼的になるのでしょうね」

実はこうしたすれ違いは、大学院を作ってから初めて経験したことではない。

「父親が死んですぐに、自分が卒業した中学校へ行って先生たちに、社会人向けのコンピュータの教室をするから参加されませんかって言ったら、誰も来ないんですよ。彼らは新しいことなんて勉強したくないんです。去年と同じことをしていたいんです」

自分の考えが職業人たちのそれと全く合わない経験を散々重ねた末に、アメリカへ行って初めて自分の方が正しかったと思ったという。

日本の組織風土をむしばむこの体質は、どこから来るものだろうか？

「一番の起源は中国由来の官僚制度だと思います。あるレベルに昇ると給料が上がる。給料が上がることの方が大事で、そのためには試験に合格することが必要。肝心のスキルアップはどっちかというと二の次。仕事の処理能力も二の次になる。アメリカでは『学歴イコールスキルアップ』として社会的に広く認知されている。学歴を加算して、仕事がさらにできるようになって、稼ぐ金額も増えて、結果、給料も上がる。その方程式が社会的に成り立っていますね。

日本は学歴イコールスキルアップではなく、科挙の官僚制度文化みたいなものが根強くある。ＩＴ業界、特にソフトウェア会社は、日本の大卒文系が即戦力にならないことをよく知っていて、どちらかといえばコンピュータの専門学校の卒業生を採るという社長が今でも多いのですが、一方で自社の社員に高い給料は払いたくないし、大学へ行かせてスキルアップさせるっていう発想もない。大学や学校などの教育サイドにも、実社会の企業の側にも、『学歴＝スキル＝給与アップ』の三要素が結びついて理解されていない。

こういった会社には、官僚制度型の一部上場、財閥系の大企業の下請けや孫請けが多い。日本のものづくりって実はその下請けや孫請け会社が担っているんですけど、技術第一主義で、スキル第一主義という発想が少ないんですよね。だから、欧米のＩＴ企業に勝つのが難しいのではないでしょうか」

日本のＩＴ企業の経営者たちは、亘の言葉をどう受け止めるのか。

○卒業生たちの声

教育関係者たちからは「こうもりのような学校」、企業からは「安月給で雇える優秀な人材を次々育ててくれる都合のいい学校」と見られる。

しかし、学校の価値はそれだけで決まるわけではない。最も耳を傾けるべきは修了生たちの声であろう。以下少々長くなるが、「大学案内２０２４」の中からいくつか拾ってみる[3]。(一部筆者による編集)

まずは２００７年3月修了の鹿間朋子。追手門学院大学文学部卒。

鹿間「嫁ぎ先が印刷の町工場。業界はＯＡ化の波に直撃されどんどん環境が変わっていくというのに、町工場の対応には限界がありました。『迷ったときには深く学ぶに限る』という信念のもと、システム関連と経営戦略の両方を学べるＫＣＧＩを見つけ、『小さくてもオンリーワンになりたい』と一念発起して入学しました」

「ＫＣＧＩではまず『経営とは何か』を基礎から学ぶとともに、マスタープロジェクトでは高弘昇教授から指導を受けました。高教授から叩き込まれたのはオペレーションズ・リサーチをベースにしたロジカルシンキングとＣＲＭ[4]。実務経験に基づく講義と徹底した実践によって冷静かつ客観的な視点を持つことができました。国際学会での発表という機会もいただき、ビジネス英語に対する苦手意識克服にもつながりました。ＫＣＧＩの日々はまさに格闘と発見の連続でした」

「私にとってＫＣＧＩは単に『知識を得る場所』ではなく『ビジネスマインドをつくり上げる場所』だったと確信しています。在学中に印刷工場を円満に整理し、ＬＥＤ導入のコンサルティングやクライアントの海外進出を支援する会社を設立しました。現在はクライアント企業の経理・財務関連システムをＤＸ（デジタル・トランスフォーメーション）推進プロジェクトのチームリード役として、ＫＣＧＩでの学びを思い出しながら、業務に励んでいます」

いきなり、そのままＮＨＫ朝ドラのストーリーになりそうなエピソードである。

次に紹介するのは、雑賀健太郎。２０２１年修了。獨協大学法学部卒。東京海上日動システムズ株式会社勤務。

雑賀「大学では国際関係法を専攻し、独占禁止法に関するゼミに所属していました。判例や類似事例をネット検索しようとしても、知りたい情報になかなかアクセスできないということがあり、それをきっかけに司法とＡＩの関係や情報技術そのものに興味を持つようになりました。文系・理系を問わず多様な学生を受け入れているＫＣＧＩで学ぶことにしました」

「想像以上に実践的なカリキュラムと教育環境があり、合わせてウェブサイト構築などアウトプットの機会が多いため、ＩＴや経営などは初心者だった私も着実にステップアップできたと思います。専門性が深まるにつれ、より主体的、能動的に学ぶ姿勢が求められ、一緒に学ぶ同級生や留学生らから刺激を受け学習意欲はいやがうえにも高まりました。eラーニングが充実しているので東京サテライトでも何不自由なく勉学に励むことができました」

「ＫＣＧＩでプログラミングの考え方などＩＴの基礎から応用までを学んでいたので、入社後の研修でもスムーズに取り組めましたね。私の会社は一般顧客向けの保険運用に関するシステム、グループ内の損保、生保各社の従業員の働き方を管理するシステムの構築・管理などが主な業務です。小さい案件ではありますが主担当を任され、スケジュール管理や関係者とのコミュニケーション管理などエンジニア職にありながら、ビジネス関連の仕事にも励んでいます」

文系出身者がＩＴを学ぶことで飛躍的なキャリアアップを遂げた様子が手に取るようにわかる。

在学中あるいは修了後に起業したり、若くして経営に携わったりする者たちも少なくない。例えば、甘竹繁人。２０１０年修了。龍谷大学文学部哲学科出身。

甘竹「大学で哲学科でしたが、『何となく選んだ』に過ぎませんでした。卒業後に就職しようとしたところうまくいかず、それなら『手に職を付ける』といった気持ちで、以前から興味があり好きだったコンピュータ関連の知識と技術をあらためて学び、将来につなげていこうと考えました。ERP(5)関連の科目があり、ビジネス系のカリキュラムが充実して他を圧倒していたところにひかれ、KCGIを選んで入学することにしました」

「『アカデミズムよりプラグマティズム』。KCGIでまず実感しました。研究大学院とは全く異なり、常に『ビジネス』『社会にどう役立てるか』を意識した講義ばかり。刺激的な毎日で、興味をひかれる新しいジャンルが次々と私の前に現れてきました。一方、講義『リーダーシップセオリー』の一環で、教員と学生のコミュニケーションの場となる『バー』の開設にも携わることができました。『大学院にバーをつくる』という発想、それを実現してしまう雰囲気は衝撃的であり、忘れられない思い出です」

「父親が長年、左官仕事を手掛けています。あるとき、取引のあったイタリアの漆喰を輸入する会社から譲渡の話が持ち上がり、まだ学生だったのですが、それを引き受け自らが代表取締役となって株式会社スタッコを立ち上げました。漆喰関連の建築業務をWebによるデザイン提案などを加えるなどして拡大したほか、SAPコンサルタント(6)、Webサービス・システム構築も新たな業務として開始し、現在に至っています」

欧米の大学構内には、教員用のバーとレストランが常備されていることが多い。亘によると、英国のオックスフォードやケンブリッジでは、教授と学生が週に一度、アカデミックガウンを着て昼食をともにする。米国のコロンビア大学には校舎ビルの８階に広大なファカルティ・バー＆レストランがあり、教授に招かれると在学生でも飲食ができる。亘も何度か教授やクラスメートたちとそこで飲食したという。そのような経験があったからこそのバー開設であったろう。

留学生たちの声もいくつか拾っておこう。ネパール出身のクンワル・スラズ。２０２１年修了。楽天グループ株式会社に勤める。

スラズ「ネパールの大学でＩＴを学び、就職しました。でもグローバルなＩＴビジネスの世界で活躍したいという思いが強くありました。そんなとき、自分が学びたかったウェブシステム開発について高いレベルの教育が受けられるＫＣＧＩがあると知り、しかも英語の講義が充実している点にひかれ留学・進学を決めました」

「モバイルアプリを開発できる技術を身につけたいと思い、プログラミングを頑張りました。言語のうち、ＡＩやデータサイエンスに活用されることが多いＰｙｔｈｏｎについて深く学べたのが大きかったです。ＫＣＧＩはウェブシステム開発の分野以外にも興味深い講義が多かったです。最新の技術について、先生方が丁寧に説明してくださいました」

「楽天グループは英語を社内公用語とし、様々な国の人が働いているグローバル企業です。モバイルアプリの開発ではトップレベルで、このような会社に就職できてとても喜んでいます。ＫＣＧＩキャリアセンターの先生方がバックアップしてくれたおかげです」

知らないうちに彼が開発したアプリを私たちも使っているに違いない。

中国出身の劉釗《りゅうしょう》は２０１３年修了。中国を中心とした顧客が日本の通販サイトを利用して買物をする際、日本の住所を提供して一旦商品を集め、万全の梱包をして中国へ発送するという転送事業の会社を設立。中国人の高い購買意欲に着眼したことが奏功し、２０１８年８月期には売上高は20億円を超える。国際郵便利用金額は近畿圏でトップ、日本全国でもトップ２にランクされ、日本郵便株式会社から感謝状を受けた。

劉「日本への留学を夢見て、大学では日本語を専攻しました。卒業後に地元・山東省のホテルで勤務、フロント係をしていた頃に、常連客で貿易会社を経営する日本人と仲良くなり、いろいろな話を聞かせてもらっているうちに、自分も将来は日中間貿易の仕事がしたい、と強く思うようになりました。コンピュータにも興味があり、独学でしたがプログラミングの知識も多少ありましたので、留学のチャンスが訪れたとき、経営学がＩＴと関連付けて学べるＫＣＧＩを選びました。『第1の夢』がかなったわけです」

「入学後は財務会計関連のシステム開発や、経営学、ウェブビジネスなど、興味を引く講義ばかりで、楽しみながら懸命に学びました。他の中国人留学生と仲良くなり話し相手がいたので、日本での生活に対する不安は和らぎましたね。一方、将来、日中間貿易の仕事に携わるのなら、日本語のレベルをより上げなければならないと思い、勉学の合間を見つけてアルバイトをし、少しでも多くの日本人と会話するように努めました。マスタープロジェクトでは、もちろん『国際貿易』をテーマにしました」

「次は『第2の夢』を実現する時です。修了後は正直、日本で就職するか、中国に帰るか迷いましたが、ＫＣＧＩで学んだことを活かすべきだと判断し、起業に踏み切りました。設立したのは、貿易や輸出入代行、ｅコマース販売企画などを手掛ける銘東株式会社です。当初は、私が日本人ではないので、関係者から信頼を得るのに苦労しました。でも粘り強く、誠意を持って自分のビジネスプランの説明を繰り返したところ、日本郵便株式会社との業務提携が実現、大阪東郵便局営業集荷推進部内に事業所と物流センターを開設するに至りました。今後は、中国はもちろん、台湾や韓国などにも拠点を起き、日本の製品

2023年度 学位授与式

を全世界に届ける仕事をしたい。そして10年以内に東証一部に株式上場したい。これが今抱いている『第3の夢』です。上場はようやく視野に入り、『夢』から『目標』に変わりつつあります」

これ以外にも多数の修了生たちの声が大学案内には掲載されている。それらを聞いていると、誰もが明確な目的意識を持ってＫＣＧＩに入学し、ＩＴのツールとしての有用性と限界を理解し、自分が活躍したい分野でＩＴをいかに活用するかについて学び、在学中から実践してきたのがわかる。

ＫＣＧＩは亘の目指すことを実現できているのか？　その答えは、同業である教育関係者や就職先の企業関係者の評価ではなく、修了生たちの声の中にある。

○誰に寄付を求めるのか？

修了生たちの声はもちろん亘にも届いているし、彼としてはそれをもってＫＣＧＩの教育は十分成功しているとの手応えを感じてはいる。ただ、その一方で成功した修了生からなかなか寄付が来ないのが悩みでもある。

欧米の大学でも高額の寄付をするのは卒業生ではなく、大学へ行ったことのない富裕層だと言われる。例えば、２０１４年中国不動産業界の大物と言われるパン・シイは、ハーヴァード大学へ、中国人学生向け奨学金制度を設立するためとして、１５００万ドル（約16億円）を寄付した。

亘もコロンビア大学へ寄付した人たちと話したことがあるが、社会での成功者にとっては学位を取るより寄付する方が、はるかに価値が高いことなのだという。

「アイヴィー・リーグの大学で理事を務めている人たちなんて、学位を持っていない人が多いですよ。その上で、学長や教授たちに対して偉そうにしています。そんな理事や寄付者に『お金を出しているんだから、勉強したら？』と言ったら、『なんで？』みたいな顔をされる。

彼らとしては、株主として経営している学校に、勉強して学位を取る学生がいて、さらにいい学生が入ってくるという感覚でしょうか」

そんな彼らの考え方に戸惑いつつ、一定の理解も示す。

「優秀な人間やノーベル賞級の学者が育つかどうかはあくまでも結果であって、大学に出資するか否かはその人の価値観なんですね。しかも現世利益ではなくて、自分が死んだ後の人類全体の利益のために、生きている間に得た富を寄付するということです。考えてみれば、これほどプライドの高い話はないですよね。

私も最初はわからなかったです。留学から帰ってきて以降何度も海外を行き来して、そういう寄付をした人たちと話す中で、『なるほどな』と気付き始めたんです」

亘の気付きは、私学の経営者はもちろん、ファンドレイジングを生業とする人たちにとって、大いに示唆に富む。ただ、寄付者の思惑は多様である。米国の富豪は、フォード一族やビル・ゲイツのように、大学よりも社会貢献活動に寄付する者が多い。その一方で、中国の富豪による大学への寄付には政治的な意図が秘められている場合もあり、近年では安全保障上の観点から彼らと距離を置こうとする大学も少なくない。

日本では長らく個人より企業単位の寄付が中心で、しかも企業は国内より米国の大学向けの寄付に熱心だった。社会貢献に対する社会の目がより厳しいからである。ただ、東日本大震災以降クラウドファンディングが普及し、個人レベルの寄付も規模が拡大しつつある。

学校種を問わず私立学校の持続的な存続のために、寄付は不可欠であるが、学校側の意図に沿った寄付を誰からどのように獲得するのか、まだまだ模索が必要だろう。

○ＫＣＧＩ創立20周年記念式典を終えて

２０２３年10月６日、ＫＣＧは創立60周年、ＫＣＧＩ創立20周年記念式典を盛大に挙行した。ＫＣＧ京都駅前校での記念式典における亘の式辞では、学院創立者長谷川繁雄が残した「ソフトウェアとは、ものの考え方のことであって、哲学の一種であり、これは人類史を変革する」との言葉を紹介し、ＫＣＧ創立時の５箇条の教育理念に言及しながらこれまでの歩みを振り返り、ＫＣＧ及びＫＣＧＩの歴史を貫くパイオニア・スピリットをこれからも継承していくことを力強く宣言した。

それからちょうど1か月後、改めてＫＣＧＩの将来について亘に聞いてみた。最初は半ば笑いながら「全然わからないですよ」ととぼけたが、続いて思いもかけぬ話題が飛び出してきた。生成ＡＩ(7)のことである。米国の OpenAI 社が２２年11月に ChatGPT (8)を公開して以来、瞬く間に人々の注目を浴びるようになったが、亘はあまり恐れていないという。

「生成ＡＩって、要は数量的な統計学なんですよ。量的分析であって、質的分析ではないんですね。例えば『ＫＣＧＩの今後の経営はどうしたらいいですか？』と ChatGPT に聞いても、正解なんて得られるわけがないですよ。

現実社会を分析して認識するには、量的分析と質的分析の両方があって初めて可能になります。これはアメリカで発展した学問領域で、社会調査法と言うのですが、学術用語の英語が難解であることもあって、日本では社会調査法が遅れています。その結果、わが国の情報系の研究者たちは質的調査法をよく知りません。それでビッグデータの解析とかデータサイエンスで何もかもわかるようになると思い込んでいる人が多いように思います」

その一方で、企業では既に生成AIの活用が本格化している。社外情報の収集、メール文案作成や通達の添削、議事録作成、商品・サービスの企画立案、広告などのコンテンツ制作など多岐にわたっている(9)。

亘が生成AIを話題にしたのは、企業での活用がここまで進んでいるのに、ChatGPTの使用禁止を発表する大学がいくつも現れたことに呆れたからである。

「答えが決まっている問題を解くことが勉強で、それが大学に行くための一つの手法であるというような、いわゆるお受験のパラダイムからいくと、確かにChatGPTは禁止となるのでしょう。でも、そもそもそんな思考回路や判断が出てきた時点で、もうそんな大学の終焉が見えているじゃないですか。

ChatGPTを使ってどれほど賢いことができるのかを教えるのが教師の務めなのに、使用禁止にしようとする。そんな学校はダメですよ。教育機関として自己否定をしているわけですから。そこに気が付かないような人が大学や受験産業にたくさんいるわけですから、そういうところはもう全滅すると思いますね」

ただ、亘はそのような競争力のない大学などがなくなっていくことを期待しているのではない。むしろ彼らのとばっちりを食ってしまう可能性があると危機感を持っているのだ。

「『専修学校や大学なんかに行っても意味ないよ』という風潮が世の中にでき上がってしまうと、本学に入学する人がいなくなるという可能性は出てくると思います。だから、行く意味のある教育を実施しないといけないんです」

○学校の原点を見つめ直す

人間社会における制度の中で、学校は一番古いものの一つかもしれない。シュメール文明が栄えたメソポタミアでは、紀元前３０００年代に既にエドゥブバ（edubba、粘土板の家という意味）と呼ばれる読み書き、計算を教える場があったと言われる。

高等教育機関たる大学についても、紀元前7世紀にタキシラ（現パキスタンのイスラマバード北西）の僧院が創設され、最古の大学とされる。日本の大学制度にも影響を与えたヨーロッパでは、１０８８年設立のボローニャ大学が最初である。

生成ＡＩに限らず、大学を含めた学校は新しいものへの警戒心が強い。筆者が小学生のころ、漫画を読んでいたら先生に怒られたものだ。こっちは教科書より面白いから読んでいるのに、勉強の邪魔だというわけである。今では学校図書館に漫画が置かれるのは当たり前だし、教科書や授業でも大いに活用されている。

亘が若いころ母校の中学校の先生にＫＣＧでの社会人研修を勧めて断られたのも、コンピュータの教育への活用という発想が欠如し、自分たちの仕事を脅かすものとしか捉えなかったからである。その体質は文科省が２０１９年にＧＩＧＡスクール構想を発表し、全国の児童生徒に１人１台のコンピュータと高速ネットワークの整備に乗り出しても、なかなか改善されない。

このようなことを続けていたら、学校という制度はそのうち必要なくなるのではないか、というのが亘の危機感の背景にある。

ただ、希望を失っているわけではない。

「ソクラテスが生きていた時代なんて『ソクラテスのところへ行ったら、うまい酒と食事がある』だったわけですよ。みんなで集まって寝転がって飲み食べしながら、うだうだと会話や議論をやっていたわけです。でも、そこに知的な営みがある以上、人は集まって来るのではないですか？　そういうことは、いつの時代でもあるでしょう」

〝school〟の語源とされるギリシャ語の〝scholē〟（スコレー）とは単なる余暇ではなく、精神活動や自己充実にあてることのできる積極的な意味を持った時間であり、個人が自由または主体的に使うことを許された時間とされる。そのような時間を活用して創られた古代ギリシャの学びの場に、未来へのヒントがあるということだろうか。

「本学も常にそんな部分はありました。僕も20年ぐらい前までは、学生たちと毎週末のように朝まで飲んでいましたよ。当時の卒業生たちは、ずっとそのときのことを語り継いでいます。そういう経験もできるだけたくさん作ってあげられたらいいな、とは思います。最近はＫＣＧＩの教職員も真面目な人間が多く、仕事が終わったら一人で勝手に帰る者が多いです。その代わりネットで知り合った人と結婚したりしますから、別の世界で同じようなことをやっているんでしょう。

いろいろなパターンを否定せずに、常に人間の営みの中で面白いこと、楽しいこと、賢いこと全部をやっていれば、学校的なものは継続するのではないですかね。だから、制度としての学校にあまり囚われてはダメだとは思います」

ここで思い出したのは、亘の両親のエピソードである。学生時代の長谷川繁雄と井上靖子は、下宿でいつも朝まで語り合っていたという。やはり、ＫＣＧ、ＫＣＧＩの原点はそのあたりにあるのだろうか。

「自分の家には、他の家に対するアドバンテージが二つあったんです。まず、親子で喧嘩するほど白熱する議論を平気でやれたこと。父親は柔道の達人でしたから、逆らったりすると『何を言う！』と投げ飛ばされたりもするんですが、真面目な議論はいつもできる環境でした。若いから、子供だから、というようなたしなめ方をされたことはありませんでした。

もう一つは書籍ですね。家の仕事が塾経営だったので、本は全部経費処理ができるという理由もあったのでしょうが、基本的に父親は、書籍はいくらでも買ってくれました。子供のころから、おもちゃやお菓子やテレビは買ってもらえなくても、本は欲しかったら常に買ってもらえました。これは大きかったですね。月に１回でも四条河原町界隈にご飯を食べに行ったら、その帰りは本屋さんに寄って、父親は父親で本を数冊買い、自分は欲しい本を見つけて『これ、買って』と言ったらたいていは買ってくれました」

第２章で紹介した靖子の証言とも一致する。学生時代も本を買い続け、ＫＣＧの経営に携わるようになってからは、年に３、４回は本屋で段ボールに何箱にもなるくらい買っていたそうだ。今はすべてアマゾンがあるから、立ち読みで中身を吟味できないので、買う量がさらに増えたという。

ただ、今は電子書籍も普及している。未来の学校において本の役割はどうなるのだろうか？

「ネット上の活字にはは出版社によるフィルタリングができていないから、信憑性という点で難しい問題があります。

最初はやはり、しっかりした出版社から出された本をできるだけたくさん読むことですね。読むことによって取捨選択できる目が養われていきますから。そうすると、ネット上の活字を読んでいても、信頼できるかできないか、わかってくるでしょうね」

時代を遡って、ＫＣＧの開校後、数年しかたっていなかった頃、「ＫＣＧの卒業生は年月とともに底光りがしてくる。他のコンピュータ系の学校の卒業生は、即戦力をうたって入社するが、〝すぐ役立つ技術はすぐに役に立たなくなる〟との証明となっている」との声が間接的にであるが、度々耳に届いたという。〝付け焼き刃の教育〟ではなく〝本物教育〟を実施してきた結果であろう。

ＫＣＧＩが意図した社会貢献は、〝社会全域にわたる応用ＩＴ化の実現〟にあった。ＫＣＧＩは大学院であり、学生に対する教育として〝創意性の涵養〟が重視される。ＫＣＧＩ在学中に知識・技術の単なる吸収を超えたラーナーオリエンテッド（Learner Oriented）の学習や、各専門分野やプロジェクトを通して涵養された創意性を身につけ巣立っていく修了生たちは、〝社会全域にわたる応用ＩＴ化の実現〟の一翼を担い、各分野でＩＴ化の花を咲かせていくことが期待される。それらは、あまりにも多様であり、単純な量的側面で論じられない。

ＫＣＧＩの源流ＫＣＧは、情報教育のパイオニアとして独自の教育を創造し、その発展に全力を注いできた。この系譜において、ＩＴプロフェッショナル大学院第一号の認可を取ったＫＣＧＩには、やがて到来する〝社会全域にわたる百花繚乱の応用ＩＴ化〟実現のパイオニアとしての役割と責任が期待されているのである。

ＫＣＧからＫＣＧＩへ受け継がれ伝統となった私学の精神は、次世代へ次々と受け継がれ数々の実績を生んでいくであろう。この「伝統と実績」こそは、ＫＣＧ／ＫＣＧＩのアイデンティティであり、そのアイデンティティの成熟度は卒業生たちの社会貢献度の総合評価に準じて高まるのは言うまでもない。ＫＣＧＩの社会評価が定着するには、まだまだ歳月が必要であろうが、亘をはじめＫＣＧＩの教職員は高い評価の結実を信じてやまない。

ＫＣＧＩの将来の姿がある程度見えてきたように思うが、どうだろうか。

○堀場雅夫の「遺言」

実は、ＫＣＧＩの将来像については、既に見通している人物がいた。ＫＣＧ創立当初から一貫して応援団であり続けた堀場雅夫である。

２００３年、ＫＣＧＩ設立に際して、堀場は設立発起人の一人として、こんな言葉を残している。

「日本では、６００以上の大学がありますが、これらの大学で学ぶ学生のすべてが研究者になるわけではありません。80％以上は社会へ出て、自営業に従事し、また業界で働くのですから、一般大学は『社会のニーズ』にもっと敏感に対応せねばなりません。このことに目を瞑り、旧態依然とした教育をするから教える学問が生き生きとしていないのです。『生きた学問』とは、『実際に役立つ学問・技術』であり、しかも『新しい時代に即した学問・技術』でしょう。ただし、よく言われる『即戦力教育』というものは、私は信用していません。学術面での基本ができていれば、どんな技術でも消化していけるのですから。特にコンピュータのように進化の速い技術の世界では、本物の教育が肝要です。京都情報大学院大学が本物の教育としての根幹を大事にして『生きた学問・技術』を『おもしろおかしく』教える大学院として発展していくよう望みます」(10)

堀場は2013年のKCG創立50周年、KCGI創立10周年の記念式典でも来賓として祝辞を述べ、2年後の2015年にこの世を去る。

彼がKCGI設立時に残した言葉は、KCGIに向けて残した遺言であるだけでなく、私立大学全体が目指すべき方向性を示したメッセージであると受け取るべきであろう。行くべき道は示された。あとは迷わず進むだけである。

【注】

（1）株式会社マガジンハウスが出版するライフスタイル情報誌。1980年創刊、月2回発行。30～40代の男性が読者層の中心と言われる。2024年1月11日発売号で創刊1000号となった。

（2）1994年に設立された、京都市と大学、産業界を中心とした産学公の連携組織「京都・大学センター」が母体。2010年から公益財団法人に移行。https://www.consortium.or.jp/

（3）ここで取り上げた修了生へのインタビューは、大学案内に掲載されたQRコードから動画で見ることもできる。

（４）Customer Relationship Management。顧客情報や行動履歴を管理し、顧客との関係性を維持・強化・発展させるための顧客管理手法。

（５）Enterprise Resource Planning。企業の持つ資金や人材、設備、資材、情報など様々な資源を統合的に管理・配分し、業務の効率化や経営の全体最適を目指す手法。また、そのために導入・利用される業務横断型の業務ソフトウェアパッケージ。

（６）ＥＲＰパッケージを設計・導入・改善するコンサルタント。ドイツのＳＡＰ社が自社のＥＲＰソフトウェアパッケージに関する知見・ノウハウを認定する資格試験を実施しており、多くのビジネスパーソンが資格取得している。

（７）コンピュータ言語でなく自然言語による指示に対応してテキスト、画像などを生成することができる人工知能システムの一種。

（８）生成ＡＩの一種。幅広い分野の質問に詳細な回答を生成できることから注目を集めた一方、一見自然に見えるが事実とは異なる回答を生成することもある。

（９）三菱総合研究所マンスリーレビュー２０２３年12月号「企業は生成ＡＩ活用で競争力強化を」参照。https://www.mri.co.jp/knowledge/mreview/202312.html

（10）京都情報大学院大学「大学案内２０２４」15頁。

終章　卒業生が変える社会

本書を執筆するにあたって、亘にどうしても聞いておきたいことがあった。彼が京都コンピュータ学院（ＫＣＧ）の経営を親から引き継ぎ、ＩＴ分野の専門職大学院として京都情報大学院大学（ＫＣＧＩ）を創立して今日に至るまでの生き様は、孤軍奮闘に近いものである。教育関係者にも企業関係者にも自身の考えに共鳴してくれる人々になかなか巡り合えず、世間の「大学信仰」もまだまだ根強い中、つい愚痴っぽい話になることもしばしば。であれば、亘はＫＣＧやＫＣＧＩでの教育を通じてどんな社会を実現したいと考えているのだろうか？　尋ねてみると「社会をどうしようとか、そんな大層なことはあまり考えたことはない」と言う。

留学生について話題にしていたときも、私はふと、もし母国が権威主義体制の国で、彼らがインターネット民主主義のようなＩＴの自由な空気を吸って卒業したら、どう思いながら母国で生きていくのだろうか？　といった疑問がわいたのだが、

「よその国の話は自分と関係ないです。自分には出過ぎたことですから、あまりそういうことにはコミットしない」

とかわされる。ただ、ＩＴ関連の最先端の動向については、誰とでも惜しみなく分かち

合いたいと願っているのだそうだ。

その一方で亘は、常々教員たちに対して「もらった授業料の分以上の価値を学生に返せ」と言っているという。

「学生が払った授業料よりプラスな未来があった方がいいじゃないですか。教育にはその可能性がある。そこが自分の職業に対する一番のプライドですね」

その言葉を聞いて思い出したのが、ＫＣＧＩ初期のある修了生にまつわるエピソードである。沖縄で墓地を経営している寺院の息子で、ＫＣＧＩを修了して一旦企業に就職したが、しばらくしたら実家に帰ってＩＴの仕事を始めたという。もともと僧侶の世界でＩＴができる人は少ないので、檀家のデータベースをパソコンで作るだけで注目され、地元の寺社の団体でもてはやされている、とのことだ。

21世紀に入って以降人口減少や後継者不足が原因で寺社の維持が厳しくなる中、最近はお経をロック調やラップ調で唱えたり、自動車で移動式のお葬式ができるサービスを提供したりするユニークな僧侶たちの活躍が注目されている。彼らが私たちに新たな宗教との付き合い方を提案してくれているのだ。

ＫＣＧＩの修了生たちが、払った授業料分以上の価値を受け取り、ＩＴを活用して地域や住民が抱える課題を解決するとともに、新たなモノやサービスを創造して未来を切り開いていけば、亘の想像以上に社会は変わるかもしれない。

そう考えれば、ＫＣＧＩの教育機関としての真の評価は、最終的に修了生たちがどれだけ社会を善い方向へ変えることができたか、によってはかられるべきであろう。そして、それこそが、国公私立を問わず、教育に対する最終的な評価の物差しとなるのではなかろうか。

おわりに

悠光堂の佐藤裕介氏と富永彩花さんから「ＫＣＧＩの長谷川亘理事長にインタビューして本にまとめてほしい」との依頼を受けたとき、私の頭の中は驚きと戸惑いで混乱していた。と同時に様々な問いが頭に浮かんできた。「大学・大学院の認可業務を行う文部科学省の（再任用といういう立場とはいえ）現役職員が、認可を受けた側の関係者にインタビューしてよいものか?」「文科省職員とはいえ、高等教育局勤務の経験がない私が引き受けてよいものか?」「もっと他に適任者がいるのではないか?」「私が書くことで、高等教育局で勤務経験のある他の文科省職員に迷惑が掛からないか?」などなど。

しかも、出版社経由でいただいたＫＣＧ、ＫＣＧＩ関係の資料を読んでいると、ＫＣＧＩ設立の際、文科省や大学設置審議会との間で相当厳しいやり取りがあったことがすぐにわかり、今度は「文科省職員がインタビューだなんて、ＫＣＧＩの方々が嫌がるのではないか?」「嫌がるどころか、これを機会に積年の恨みを果たしてやろうと、何かされるのではないか?」など、不安が募ってきた。

大いに悩んだ末、最終的にお引き受けしたのは、自分が文科省で担当してきた仕事の成果を振り返る良いきっかけになるだろう、と考えたからである。私自身はＫＣＧＩの認可業務に全くタッチしなかったわけだが、まずは長谷川亘理事長の話を聞き、当時の文科省の政策遂行に関する情報（ほとんど公表ベースのものだが）も可能な限り集め、両者を突き合わせることで、ある時期に文科省が判断した事柄について、ある程度客観的に評価することができる。その経験を活かせば、私自身が取り組んだ仕事がどの程度上手くいったのか、いかなかったのかをより的確に評価することができるだろうし、当時仕事関係でお世話になった方々との将来的な関係の持ち方を考える上でも、大きなヒントが得られるだろうと考えたのである。

インタビューの際にまず気を付けたことは、当然のことだが、決して上から目線の問い方になってはいけないということである。かといって必要以上に低姿勢になるのもよくない。疑問に思ったことは素直にぶつけるべきだし、もし事実誤認があれば指摘する必要もあるだろう。しかし、主役は長谷川亘理事長なのだから、彼の話をできるだけ引き出さなければならない。

本編でも触れたが、最初のインタビューのとき、案内されるままエレベーターに乗り、降りた途端に長谷川理事長に出迎えられ、先手を打たれたような気がして、極度の緊張に達したことを今でも覚えている。最初はこちらの聞きたいことよりも、理事長が話したいことを話せるような雰囲気をつくることに神経を使ったつもりである。

おかげで初回のインタビュー後の会食の場で「話しやすい人でよかった」と言われ、ほっとしたものである。2回目のインタビューではさらに話が弾み、話題はいつしか思いも寄らない方向へ発展していった。聞き手としてはこれでもか、というくらいの知的刺激を浴びて心地良かったのだが、結果的に本書の趣旨を越えてしまったために、掲載を諦めざるを得なかった話題も多い。それらについては、また別の機会に書籍としてまとめることを考えて良いかもしれない。

本来であれば本編に掲載した長谷川亘氏の発言をたどっていけば、自ずと彼の人となりが読者にも伝わるはずである。しかし「留学生を含め幅広い人たちにとってわかりやすく読めるようにしてほしい」との要望が出されたため、彼が京都弁で話した言葉はほとんどすべて標準語に「翻訳」せざるを得なかった。そこで、インタビューを通して感じた彼の印象を以下にまとめることで、読者のみなさまの理解の一助としたい。

第1に、彼は私が人生で出会った人々の中でも5本の指に入る知識人であるということだ。最初の印象こそ少々強面だが、自分の無知を省みず彼の知的世界の端っこに少しでも足を踏み入れる勇気を持ち合わせていれば、温かく招き入れてもらえる。
そのことを端的に理解できる情報として、彼が自身の読書遍歴について語っているので、少々長くなるが、ここに紹介しておこう。

「一番初めに大人の読む書籍で衝撃を受けたのが、小学校４年生のときだったと思いますが、石牟礼道子の『苦海浄土』でしたね。大人の読む単行本で、最初から最後まで読んだ、最初の書籍でした。当時、ＫＣＧの前身であった京都ソフトウェア研究会の事務のアルバイトをしていた京都大学文学部の学生に家庭教師もしていただいていたのですが、彼女が水俣病のことを教えてくれて、銀閣寺近くの教会での８ミリ映画上映会に連れて行ってくれたのが最初でした。その映画に興味を持ったので、彼女が手渡してくれた本が、それでした。

その後は、柴田翔の『されどわれらが日々』、辻邦生の全著作、三島由紀夫の『金閣寺』、開高健の全著作、レヴィ＝ストロースなどから、人生観を左右するほどの衝撃を受けました。三島由紀夫の『金閣寺』を読んだときには、三日間ほど衝撃から目覚めることができませんでした。あれは、緻密に設計されて作曲された、文学の交響曲、オーケストラなのだと感じました。開高健は、別のセンスで緻密に設計された作品だと思います。

それらを読んで何を思い何を感じたのか、実際に感じたことはあまり覚えていないのですが、それでも、それらに傾倒したことだけは覚えています。将来、紅茶を飲んだときに全部の過去を思い出した『失われた時を求めて』のマルセル・プルーストのように、もしかしたら思い出すのかもしれませんね」

第2に彼は、知性に加え、強固で持続する意志と、内に秘めてはいるが尽きることのない情熱を持ち合わせていることである。これについては、本編を読むだけで読者のみなさまにも伝わっているだろうと思う。

そして第3に、少年時代の遊び心を今も持ち続けていることである。インタビューの中でしばしば「もっとおもろいことをやりたい」と話す顔、インタビューの後美酒と美食を楽しみながら談笑するときの顔は、少々やんちゃだった若き日の姿を彷彿とさせる。

この遊び心が最も遺憾なく発揮されたものの一つが、彼が学生向けに作成した自己紹介ビデオである。2000年に当時のパワーポイントの技術を使って作成し、年度初めの授業開始時に自己紹介として、話す代わりに上映しているもので、以降20年以上にわたってKCGIの学生がほぼ全員観ているものだそうだ。

「自己紹介をダラダラ話すよりも、テンポの良いこのような映像を観てもらう方が、単位時間当たりの情報伝達量が格段に多いことがわかっていたからです。できるだけ多種多様な自分自身の側面を表現して、多様な学生が反応することを狙いました。そして『偉い先生、怖い先生、かっこいいと思ったら、実はアホやった』みたいなオチを狙ったものです。これを学生の前で上映すると、写真の中の様々なところに各々の学生が反応して、各人なりに親しみを持って寄ってきてくれて、仲良くなれる学生がイッキに数倍に増えました」

執筆作業も佳境に達した時期にこのビデオがKCG事務局から送られ、視聴した筆者は全身の力が抜ける思いがした。あまりにもくだけた内容だったからである。最初にこのビデオを観ていれば、もっとリラックスしてインタビューに臨めたであろうに。どうやら、筆者は最初から最後まで長谷川亘理事長の掌の上で踊らされていたらしい。

しかし、ここに紹介した3つの側面すべてが長谷川亘という人間の性《さが》を構築しているのであり、この人間性があったからこそ、数々の困難に直面しながらも、IT分野におけるナンバーワンにしてオンリーワンの大学院大学を設立し、順調に成長させることができているのだろう。

本書は長谷川亘へのインタビューを元に、あくまで筆者である私の視点でＫＣＧＩの歩みをつづったものである。したがって、本書の内容で彼の考え方と相容れないところがないとは言えない。もしそのような箇所に気付かれたら、どちらの考え方を良しとするかは、当然ながら読者のみなさまの判断に委ねたい。

本書の著作にあたり、ＫＣＧ及びＫＣＧＩにまつわる事実関係の確認については、ＫＣＧグループ広報企画部長の小寺敦子氏に大変お世話になった。感謝申し上げたい。

最後に本書の出版に向けて、なかなか筆の進まぬ私を温かく叱咤激励いただいた悠光堂の冨永彩花さん、遠藤由子さんのお二人にも、大変お世話になりました。ありがとうございました。

長谷川 亘（はせがわ・わたる）略歴

※2024年4月1日現在

〈履　歴〉

1960（昭和35）年	和歌山県和歌山市生まれ
1979（昭和54）年	京都府立鴨沂高等学校 卒業
1981（昭和56）年	京都コンピュータ学院 入学
1983（昭和58）年	早稲田大学文学部 入学
1987（昭和62）年	早稲田大学 卒業　文学士、同時に京都コンピュータ学院設置者認可
1993（平成 5）年	学校法人京都コンピュータ学園理事 就任
1998（平成10）年	（米国）コロンビア大学教育大学院 修了 Master of Arts
1999（平成11）年	（米国）コロンビア大学教育大学院 修了 Master of Education 米国ニューヨーク州教育行政官資格
2002（平成14）年	（中国）天津科技大学客員教授 就任
2003（平成15）年	オープン・ジャパン・センター（モンゴル政府とモンゴルビジネス大学が開設）名誉センター長 就任

2004（平成 16）年	学校法人京都情報学園理事 就任 京都情報大学院大学教授 就任（現） 社団法人京都府情報産業協会副会長 就任
2006（平成 18）年	学校法人京都コンピュータ学園理事長 就任（現） 社団法人京都府情報産業協会会長 就任（現） 社団法人全国地域情報産業団体連合会 （All Nippon Information Industry Association Federation、略称：ANIA）理事 就任（現）
2011（平成 23）年	一般社団法人全国地域情報産業団体連合会 （ANIA）副会長 就任
2012（平成 24）年	韓国国土海洋部傘下公企業 済州国際自由都市開発センター 政策諮問委員 就任 学校法人京都情報学園理事長 就任（現）
2013（平成 25）年	一般社団法人全国地域情報産業団体連合会 （ANIA）会長 就任（現）
2016（平成 28）年	一般社団法人日本 IT 団体連盟代表理事・筆頭副会長 就任（現）
2018（平成 30）年	一般社団法人日本応用情報学会（NAIS）理事 就任（現）
2019（平成 31）年	一般社団法人日本オープンオンライン教育推進協議会（JMOOC）理事 就任（現）
2021（令和 3）年	一般社団法人情報処理学会理事 就任（現）
2024（令和 6）年	（韓国）国立済州大学校名誉博士 拝受

〈賞　勲〉

1992（平成 4）年　タイ王国教育省次官賞 受賞

1994（平成 6）年　ガーナ共和国文部大臣賞 受賞

1997（平成 9）年　タイ王国教育省次官賞 受賞

2001（平成 13）年　私立学校教育功労者賞 表彰

京都情報大学院大学の沿革

1963（昭和 38）年	「FORTRAN 研究会」発足
	京都大学の学術研究者を対象に「電子計算機プログラミング講習会」を開催
	私塾におけるコンピュータ教育の開始
1969（昭和 44）年	全日制「京都コンピュータ学院」設立
1976（昭和 51）年	新法制による専修学校工業専門課程 京都コンピュータ学院（KCG）認可
1983（昭和 58）年	パソコン時代到来に先立ち、学生全員に対しパソコン無料貸出制度実施
	当時のコンピュータ業界におけるダウンサイジングの潮流を先導したもので、世界で初めての試みであった
1986（昭和 61）年	学院創立者・長谷川繁雄 初代学院長 永眠
1987（昭和 62）年	リモート・センシングの世界的権威、京都大学名誉教授 上野季夫博士を所長に迎え、情報科学研究所設立
1988（昭和 63）年	海外コンピュータ教育支援活動（IDCE：International Development of Computer Education）プロジェクト立ち上げ
1989（平成 元）年	国際化時代に対応し、日本の情報系教育機関としては初めて米国に京都コンピュータ学院ボストン校開校
	米国・ロチェスター工科大学（RIT）よりロバート B. クッシュナー教授招聘
	以降、RIT・マサチューセッツ工科大学（MIT）等米国有名大学とのネットワークが強化される
	各国政府の依頼により発展途上国へのコンピュータ教育支援活動（IDCE）開始
1995（平成 7）年	情報工学の権威、京都大学名誉教授萩原宏博士を所長に迎え、情報工学研究所設立

1998（平成 10）年	ロチェスター工科大学との大学院教育共同プロジェクトに基づき、RIT 大学院修士課程留学コースを KCG 国際情報処理科に新設 日本の教育機関としていち早く IT 専攻のカリキュラムを導入し、専修学校としては初めて大学院教育を実施
2000（平成 12）年	KCG ニューヨークオフィスを世界貿易センタービル（WTC）内に開設
2002（平成 14）年	中国国家図書館内に KCG 北京オフィスを開設
2004（平成 16）年	京都情報大学院大学が、文部科学省より、IT 専門職大学院として国内第一号の認可を受ける 応用情報技術研究科ウェブビジネス技術専攻を設置 入学定員 80 名、総定員 160 名 KCG ニューヨークオフィスをロックフェラー・センタービルに移転 AIS（Association for Information Systems：情報システム学会）日本支部（NAIS）事務局を京都情報大学院大学内に開設 韓国・高麗大学校情報保護大学院と学術交流提携締結
2005（平成 17）年	京都情報大学院大学京都駅前サテライト・京都コンピュータ学院京都駅前校新館が完成 チェコ共和国・オストラバ工科大学と友好提携締結 福建師範大学と日中合弁学科設立
2006（平成 18）年	チェコ共和国・オストラバ工科大学、中国・天津科技大学、大連外国語大学、福建師範大学、韓国・国立済州大学校とそれぞれ学術交流協定締結 ウェブビジネス技術コース、ウェブシステム開発コースを設置

2008（平成 20）年	チェコ共和国・パルドゥビッツェ大学と学術教育交流協定締結
	中国・天津科技大学に、京都コンピュータ学院のカリキュラムサポートによる中国初の自動車制御学科開設
2009（平成 21）年	KCG 資料館が社団法人情報処理学会より「分散コンピュータ博物館」第 1 号に認定
	KCG グループ所蔵の東京芝浦電気株式会社（現株式会社東芝）TOSBAC-3400、沖電気工業株式会社 OKITAC-4300C システムが同学会より「情報処理技術遺産」に認定
2010（平成 22）年	韓国・国立済州大学校とデュアルディグリープログラム運営で協定締結
	中国・北京郵電大学世紀学院、蘇州工業園区服務外包職業学院と日中合弁学科設立
2011（平成 23）年	KCG グループ所蔵の日本電気株式会社（NEC）NEAC-2206 が一般社団法人情報処理学会より「情報処理技術遺産」に認定
	入学定員を 100 名に増加
	第二代学長・長谷川利治先生永眠
2012（平成 24）年	KCG グループ所蔵の日本電気株式会社（NEC）NEAC システム 100 が「情報処理技術遺産」に認定
	入学定員を 160 名に増加
	北海道札幌市に、京都情報大学院大学札幌サテライトを開設
	コンテンツビジネスコースを新設
	東京都港区に、京都情報大学院大学東京サテライトを開設
	京都情報大学院大学が地理的名称トップレベルドメイン「.kyoto」の管理運営事業者に内定
	中国・上海東海職業技術学院と共同教育プログラムを開始

2013（平成 25）年	KCG グループ所蔵のシャープ株式会社 MZ-80K が「情報処理技術遺産」に認定 KCG 創立 50 周年、KCGI 創立 10 周年 京都自動車専門学校を KCG グループに加える 京都マンガ・アニメ学会設立 中国・無錫職業技術学院と日中合弁学科設立
2014（平成 26）年	中国・上海建橋学院と共同教育プログラムを開始 初代学長・萩原宏先生永眠 京都情報大学院大学「サイバー京都研究所」が京都府より「けいはんなオープンイノベーションセンター」（KICK）研究事業第 1 号に認定 入学定員を 210 名に増加
2015（平成 27）年	KCG グループ所蔵の Digital Equipment Corporation（DEC）PDP8/Ｉが「情報処理技術遺産」に認定 地理的名称トップレベルドメイン「.kyoto」運用開始 KCG グループ所蔵のシャープ株式会社 MZ-80K と日本電気株式会社（NEC）の PC-8001 が国立科学博物館より「未来技術遺産」に認定
2016（平成 28）年	KCG グループ所蔵の東京芝浦電気株式会社（現株式会社東芝）TOSBAC-1100D が「情報処理技術遺産」に認定 京都情報大学院大学が中心となり日本応用情報学会（NAIS）を設立 入学定員を 240 名に増加 次世代産業コースを新設
2017（平成 29）年	京都情報大学院大学と京都コンピュータ学院が、日本ユニシス株式会社（現 BIPROGY 株式会社）と共同で「未来環境ラボ」を開設 メディアコラボレーションコースを新設
2018（平成 30）年	カリキュラム体系を刷新し、専門分野科目群、産業科目群を設ける

	入学定員を 360 名に増加
2019（令和元）年	入学定員を 480 名に増加
	ベトナム・ハノイ国家大学工科大学（VNU-UET）、FPT 大学と教育提携締結
	スリランカ・ケラニア大学と教育提携締結
2020（令和 2）年	入学定員を 600 名に増加
	ベトナム・国立フエ大学（HU）、国立ダナン大学（UD）、ハノイ国家大学人文社会科学大学（VNU-USSH）と共同教育プログラムを開始
2022（令和 4）年	京都情報大学院大学 京都本校 百万遍キャンパス新校舎が完成
	ネパール・トリブバン大学との交流協定締結
	ベトナム・フェニカア大学（PU）、CMC 大学との交流協定締結
	ベトナム・タンロン大学（TLU）との協力教育プログラム開始
2023（令和 5）年	入学定員を 700 名に増加
	京都コンピュータ学院創立 60 周年、京都情報大学院大学創立 20 周年
	中国・黎明職業大学、瀋陽工学院、華東交通大学との協力教育プログラム開始
	ベトナム・ICT 大手企業の CMC と交流協定締結
2024（令和 6）年	入学定員を 880 名に増加
	ネパール・トリブバン大学 Mechi Multiple Campus と協定を締結
	パプアニューギニア・パプアニューギニア工科大学と学術交流協定を締結

著者略歴
神代 浩（かみよ・ひろし）
1986 年東京大学法学部卒、文部省（当時）入省。
北海道教育庁企画管理部企画室参事、在米国日本国大使館参事官、文部科学省生涯学習政策局調査企画課長などを経て 2009 年 7 月～ 2010 年 7 月まで同局社会教育課長。その後国立教育政策研究所教育課程研究センター長、初等中等教育局国際教育課長、文化庁文化財部伝統文化課長、科学技術・学術総括官兼政策課長、東京国立近代美術館長、国立研究開発法人量子科学技術研究開発機構監事を歴任。千葉大学特任教授。
2014 年 10 月『困ったときには図書館へ～図書館海援隊の挑戦～』（悠光堂）を刊行。共著『困ったときには図書館へ 2 学校図書館の挑戦と可能性』（悠光堂 2015 年）などがある。

聞き語りシリーズ　リーダーが紡ぐ私立大学史⑤
京都情報大学院大学　長谷川 亘

2024 年 9 月 30 日　　初版第一刷発行

企画・協力　　日本私立大学協会

著　者　　神代 浩
発行人　　佐藤 裕介
編集人　　冨永 彩花
制作統括　　遠藤 由子
発行所　　株式会社 悠光堂
〒 104-0045 東京都中央区築地 6-4-5
シティスクエア築地 1103
電話：03-6264-0523　ＦＡＸ：03-6264-0524
デザイン　　J.P.C
印刷・製本　　株式会社 シナノパブリッシングプレス

ISBN978-4-909348-66-1　C0036